Aktuelle Frauenforschung
Band 33

Zur Konstruktion von Weiblichkeit

Erklärungsansätze zur Geschlechterdifferenz
im Lichte der Auseinandersetzung
um die Kategorie Geschlecht

Petra Küchler

2. Auflage

Centaurus Verlag & Media UG 2001

Zur Autorin: *Petra Küchler*, geb. 1966, hat an der Freien Universität Berlin Erziehungswissenschaften, Politologie und Soziologie studiert und ist seit 1995 Pädagogin M.A. Sie ist Trainerin für soziale Kompetenzen, derzeit als pädagogische Referentin beschäftigt und seit 1999 Lehrbeauftragte an der Berufsakademie Thüringen am Fachbereich Soziale Dienste.

Die Deutsche Bibliothek – CIP-Einheitsaufnahme

Küchler, Petra:
Zur Konstruktion von Weiblichkeit : Erklärungsansätze zur Geschlechterdifferenz im Licht der Auseinandersetzung um die Kategorie Geschlecht / Petra Küchler. 2. Aufl.– Pfaffenweiler : Centaurus Verl., 2001
  (Aktuelle Frauenforschung ; Bd. 33)
   ISBN 978-3-8255-0110-5   ISBN 978-3-86226-506-0 (eBook)
   DOI 10.1007/978-3-86226-506-0
NE: GT

ISSN 0934-554X

Alle Rechte, insbesondere das Recht der Vervielfältigung und Verbreitung sowie der Übersetzung, vorbehalten. Kein Teil des Werkes darf in irgendeiner Form (durch Fotokopie, Mikrofilm oder ein anderes Verfahren) ohne schriftliche Genehmigung des Verlages reproduziert oder unter Verwendung elektronischer Systeme verarbeitet, vervielfältigt oder verbreitet werden.

© *CENTAURUS-Verlags GmbH & Co. KG, Herbolzheim 2001*

Satz: Vorlage der Autorin

*Sehr herzlich bedanken
möchte ich mich an dieser Stelle
bei Frau Prof. Dr. Gudrun Schiek;
ohne ihre Ermunterung und Unterstützung
wäre diese Arbeit nicht entstanden.
Mein herzlicher Dank gilt außerdem
Katharina Hanschen und Traute Meyer,
die mir als wichtige Diskussionspartnerinnen
zur Seite standen,
sowie Heike Haß, Beate Schimmelpfennig
und Marion Krauskopf für Literaturhinweise
und ihre Hilfe beim Korrekturlesen.*

Inhalt

Einleitung 1

1 Kurzer Überblick zur Entwicklung der feministischen Forschung 7

1.1 Die Begriffe *Gleichheit* und *Differenz* in der feministischen Forschung 8

1.2 Die Einführung der Begriffe *sex* und *gender* 10

2 Exemplarisch: Das „weibliche Arbeitsvermögen". Zur Entwicklung eines Konzeptes und seiner Bedeutung 12

2.1 Zum Begriff der geschlechtsspezifischen Sozialisation 12

2.2 Die Bedeutung des geschlechtsspezifischen Arbeitsmarktes für das „weibliche Arbeitsvermögen" 14

2.3 Zusammenfassende Darstellung des „weiblichen Arbeitsvermögens" 16

2.4 Ergebnis: Fähigkeitsdifferenzen zwischen Männern und Frauen 20

2.5 Das „weibliche Arbeitsvermögen" als ein differenztheoretisches Konzept 22

2.6 Zwischenbilanz 25

3 Die strukturelle Problematik geschlechtsspezifischer Forschung 27

4 Mögliche Sichtweisen auf die Kategorie Geschlecht 30

4.1 „Geschlecht" als biologische Kategorie 30

4.2 „Geschlecht" im Anschluß an eine ethnomethodologische Sichtweise 32

4.2.1 Zwischenzusammenfassung 37

4.2.2 Auswirkungen der Geschlechtsklassifikation: Zweigeschlechtlichkeit und ihr Verhältnis zu bipolaren Geschlechtstypisierungen 38

4.2.3 „Geschlecht" aus einer ethnomethodologischen Sicht im Vergleich zu einer biologischen Perspektive 39

4.3 „Geschlecht" aus der wahrnehmungstheoretischen Sicht des radikalen Konstruktivismus 41

4.4 „Geschlecht" als sprachlich-symbolisches Konstrukt 46

5	Neuere feministische Interpretationen der sex/gender-Konstruktion...	48
5.1	„Doing gender" (West/ Zimmerman)	51
5.2	Das „performative" Geschlecht (Butler)	55

6	Viel Lärm um nichts? Differenztheoretische Konzepte oder Dekonstruktion der Kategorie Geschlecht? Ein Vergleich	59
6.1	Kritik am „weiblichen Arbeitsvermögen"	60
6.1.1	Annahme einer naturbedingten Zweigeschlechtlichkeit	60
6.1.2	Inhalte der Kategorie Frau	62
6.1.3	Eigenbeteiligung an der Herstellung von „Frau"	63
6.2	Kritik an einem sozialkonstruktivistischen Verständnis von „Geschlecht"	64
6.2.1	Naturbedingte Zweigeschlechtlichkeit	65
6.2.2	Inhalte der Kategorie Frau	66
6.2.3	Eigenbeteiligung an der Herstellung von „Frau"	67
6.3	Perspektiven eines sozialkonstruktivistischen Verständnisses von „Geschlecht" für Forschungsfragen	69

Schlußbetrachtung ... **71**

Literaturverzeichnis ... **76**

Weiterführende Literatur ... 82

Einleitung

Die Frage nach der Konstruiertheit der Geschlechter scheint en vogue zu sein: Allein im Wintersemester 1993/94 gab es an der Freien Universität Berlin mehrere Veranstaltungen zu diesem Themenkomplex, und zudem beschäftigte sich eine der Universitätsvorlesungen damit, was Frauen und was Männer seien[1]. Hierbei rüttelt man an scheinbar Selbstverständlichem, denn mit einer Sichtweise, die die Geschlechter als konstruiert auffaßt, stehen viele unserer Alltagserfahrungen zur Disposition, die das Vorhandensein von zwei Geschlechtern als Wirklichkeit und Ausdruck von „Natur" begreifen.

Die Themenstellung dieser Veröffentlichung beinhaltet Begriffe, die mich während des Studiums begleitet haben. *Weiblichkeit*, die Frage nach *spezifisch weiblichen* Entwicklungen, Lebensweisen u.ä. hatte mich ursprünglich bewogen, einen Teil der zu belegenden Lehrveranstaltungen mit frauenspezifischen Themen auszufüllen. Dementsprechend galt mein Interesse lange Zeit Konzepten, die die *Verschiedenheit zwischen den Geschlechtern* thematisierten und zu erklären versuchten, wie etwa das Konzept der „weiblichen Moral", das des „weiblichen Arbeitsvermögens" oder des „anderen Denkens" von Frauen.[2] Hierbei handelt es sich um *Erklärungsansätze zur Geschlechterdifferenz.*[3]

Durch Weiterbildungsseminare im Bereich Kommunikation und zum Geschlechterverhältnis[4] bin ich auf konstruktivistische Ansätze[5] gestoßen.

---

[1] Universitätsvorlesung des Wintersemesters 1993/94 der Freien Universität Berlin: Was sind Frauen, was sind Männer? Geschlechterkonstruktionen im historischen Wandel. (Konzeption: Projekttutorium Geschlechtergeschichte, Dr. Chr. Eifert u. Dr. M. Kessel.)

[2] s. Gilligan 1985, Beck-Gernsheim 1976, Ostner 1978, Belenky u.a. 1989.

[3] Hier klingt bereits an, mit welchem Verständnis der Begriff *Geschlechterdifferenz* in dieser Arbeit verwendet wird. Eine exakte Klärung, insbesondere zur Abgrenzung gegenüber anderen Bedeutungen dieses vielgenutzten Begriffes, findet sich unter Kapitel 1.1.

[4] Hier möchte ich insbesondere Reimar Kleinwächter danken, durch dessen Weiterbildungsseminare in „systemischer Rhetorik" ich wesentliche Denkanstöße erhalten habe. Die Seminare fanden an der Julius-Leber-Akademie der Friedrich-Ebert-Stiftung in Ahrensburg statt.

[5] Unter „Konstruktivismus" wird seit etwa 1980 eine Denkrichtung verstanden, „ ... die von Forschern ganz verschiedener Fachgebiete getragen wird: Psychiatrie, Physik, Mathematik, Biologie, Literaturwissenschaft u.a." (Störig 1992, S. 697). Zentrale Frage konstruktivistischen Denkens ist folgende: „Ist das, was wir als »Wirklichkeit« - auf Grund unserer Sinneseindrücke

Der Begriff *Konstruktion* im Titel dieser Arbeit hängt zunächst eng mit diesen Ansätzen zusammen, die eine beträchtliche Faszination auf mich ausüben: Die Vorstellung (oder Erkenntnis?), daß wir unsere Wirklichkeit konstruieren, ermöglicht es, scheinbar Eindeutiges in Frage zu stellen und von anderen Standorten, unter anderen Gesichtspunkten zu betrachten. Bezogen auf Geschlechter und Geschlechtlichkeit läßt sich somit fragen: Ist das, was wir gemeinhin als „Weiblichkeit" verstehen, konstruiert? Und wenn man es als konstruiert auffaßt, gilt es dann als vorhanden oder nicht? Gibt es eine geschlechtsspezifische Moral, denken Frauen anders als Männer, haben sie andere Fähigkeiten und Verhaltensweisen als diese? Oder sind solche Ergebnisse vielmehr Festschreibungen – einer wissenschaftlichen Herangehensweise geschuldet, die von einer fundamentalen Differenz zwischen den Geschlechtern ausgeht und diese durch ihre Analysen und Theorien immer wieder bestätigt?

Um diesen Fragen nachzugehen, sollen einerseits exemplarisch ein Erklärungsansatz zur Geschlechterdifferenz, andererseits Hypothesen aus der *Auseinandersetzung um die Kategorie Geschlecht* vorgestellt werden. Was hier unter dieser im Titel angeführten Auseinandersetzung verstanden wird, bezieht sich auf eine Debatte innerhalb der feministischen Diskussionen, bei der die Kategorie Geschlecht von verschiedenen Ansätzen her untersucht wird. Diese Debatte wird zum Teil sehr heftig geführt: Das läßt sich einerseits an der Vielzahl von Neuerscheinungen in diesem Themenbereich ablesen, andererseits an ihrer Rezeption auch außerhalb des wissenschaftlichen Rahmens. Relativ große Beachtung findet derzeit der philosophische Essay „Das Unbehagen der Geschlechter" von Judith Butler (1991a), der in der Bundesrepublik zu zahlreichen Stellungnahmen führte – beispielsweise auch in der Frankfurter Rundschau, was auf eine gewisse Popularität schließen läßt.[1]

Es soll demnach im zweiten thematischen Abschnitt dieser Arbeit (Kapitel 4) unter anderem darum gehen, die selbstverständliche Existenz zweier Geschlechter aus einer konstruktivistischen Perspektive eingehend zu betrachten, um sich das Geschlechterverhältnis einmal anders vorzustellen. Aus dieser Sicht gibt es keine natürliche Zweigeschlechtlichkeit, und das Verhältnis von Natur und Kultur ist Gegenstand der Auseinandersetzung. Folgende sich anschließende Fragen sind spannend: Angenommen, man versteht das Geschlecht als soziale Konstruktion, was hat das dann wiederum für Konsequenzen für die Geschlechterdifferenz und

---

und deren Verarbeitung im Denkapparat - vorzufinden glauben, vielleicht in Wahrheit etwas von uns *Erfundenes*, ist es unsere eigene Konstruktion?" (Störig 1992, S. 698)

[1] Zu Butlers Thesen äußerten sich dort neben ihr selbst (Butler 1993a) Vinken (1993), Weir (1993), Lindemann (1993b) und Nagl-Docekal (1993).

somit für Ansätze, die eben diese Differenz hervorheben und erläutern? Rüttelt diese Betrachtungsweise an der Basis sozialwissenschaftlicher Theorien zum Geschlechterverhältnis, daß nämlich Männer und Frauen verschieden sind?

Auf der Trennung in „Mädchen" und „Jungen", „Frauen" und „Männer" bauen unsere Vorstellungen und Konzepte zu Erziehungs- und Sozialisationsprozessen auf, und unser gesamter Alltag wird durch diese Unterscheidung bestimmt. Beinhaltet die Auseinandersetzung dennoch Potential, das Geschlechterverhältnis neu oder anders, als wir es gewohnt sind, zu bestimmen?

Die Beschäftigung mit der Kategorie Geschlecht ist zum einen bedeutend, weil sie zahlreiche Konzepte und Entwürfe, die innerhalb der Frauenforschung bzw. der feministischen Forschung[1] entstanden sind, kritisch hinterfragt – wie beispielsweise das des „weiblichen Arbeitsvermögens" oder der „weiblichen Moral". Wenn man die Konstruiertheit von Geschlecht/Geschlechtlichkeit betont, erscheint es zunächst problematisch, eine Differenz zwischen den Geschlechtern als gegeben vorauszusetzen. Doch welche Perspektiven in bezug auf das Geschlechterverhältnis kann es geben, die dann ihrerseits Auswirkungen auf kommende Theoriebildungen in den Sozialwissenschaften haben sollten?

Das Infragestellen des Geschlechterverhältnisses ist somit zum einen wichtig für wissenschaftstheoretische Fragen. Zum anderen kann die Auseinandersetzung um die Kategorie Geschlecht Auswirkungen auf unseren Alltag haben: Möglicherweise hält sie Veränderungspotential für unser eigenes Handeln bereit, da sich die eigene Involviertheit in den Prozeß der Herstellung von Geschlechtlichkeit betonen läßt. Und nicht zuletzt könnten sich dann Veränderungen für pädagogisches Handeln ergeben.

---

[1] Die Begriffe Frauenforschung und feministische Forschung verwende ich, wie Brück u.a. (1992), synonym. Feministische Forschung ist die *Theorie* der Frauenbewegung, die ihrerseits als eine soziale Bewegung verstanden wird (vgl. Klinger 1990, S. 21).

Fragestellung/Anknüpfungspunkt

Auf der einen Seite soll in dieser Arbeit exemplarisch ein Konzept vorgestellt werden, das die Verschiedenheit der Geschlechter hervorhebt und deren Entstehen untersucht; hier habe ich mich aus zahlreichen Überlegungen heraus (s.u.) für das Konzept des „weiblichen Arbeitsvermögens" entschieden. Auf der anderen Seite wird Grundsätzliches zum Begriff der Konstruktion von Geschlecht dargestellt, um daraufhin diese beiden unterschiedlichen Herangehensweisen (Geschlechterdifferenz-Ansatz – konstruktivistisches Verständnis von Geschlecht)[1] gegenüberzustellen. Dabei möchte ich letztendlich folgende Fragestellung bearbeiten: Kann es sinnvoll sein, spezifisch „Weibliches" zu erforschen und zu konstatieren, oder konstruiert man damit eine Weiblichkeit, die nicht im Interesse der Emanzipation stehen kann? Sind geschlechtsspezifische Analysen, wie sie innerhalb der Frauenforschung vorgenommen werden, notwendig, oder zementieren sie statt dessen die Geschlechterdifferenz?

Ausgangspunkt für diese Fragen ist der Vorwurf einiger feministisch orientierter Wissenschaftlerinnen (z.B. Hagemann-White 1988; Gildemeister/Wetterer 1992; Krüger 1993), daß innerhalb der bundesdeutschen Frauenbewegung und -forschung ein Hang zum Biologismus[2] bestehe. Dieser Vorwurf wird aus einer konstruktivistischen Sicht auf das Geschlecht gemacht. Zusammenfassen läßt sich der Diskussionsstrang folgendermaßen: Das Insistieren auf dem Anderssein von Frauen, das einhergeht mit einer Aufwertung „weiblicher" Fähigkeiten und Werte, behält die Zuschreibungen über Frauen bei, die ihnen von Männern in langer Tradition zugemutet wurden und werden. Hagemann-White charakterisiert die deutsche feministische Theoriediskussion folgendermaßen:

> „Die Idee, daß wir es mit einem elementaren Gegensatz von zwei grundverschieden gearteten Wesen (nämlich Männern und Frauen, P.K.) zu tun haben, nimmt ihren vergeistigten Lauf durch die gesamten Beschreibungen der weiblichen Sozialisation, des weiblichen Arbeitsvermögens, durch die Kritik an Männergewalt und an männlich-destruktiver Technokratie." (dies. 1988, S. 225)

---

[1] Wie im Verlauf der Arbeit gezeigt werden wird, gibt es nicht *das* konstruktivistische Verständnis von Geschlecht. Innerhalb der verschiedenen konstruktivistischen Sichtweisen gibt es jedoch zahlreiche Parallelen, weshalb ich mir hier erlaube, sie als *eine Art* der Herangehensweise zu bezeichnen.

[2] Beim Begriff von Biologismus folge ich der Erklärung von Wallisch-Prinz: „Der Biologismus geht davon aus, daß Interessen, Anlagen, Neigungen und die meisten sozialen Fähigkeiten von Frauen und Männern aus den biologischen Tatsachen der Reproduktion, nämlich: Zeugung, Schwangerschaft, Geburt und Hilflosigkeit des Kleinkindes, abgeleitet werden können. Aus biologischen Tatbeständen bei Menschen und Tieren werden in wissenschaftlichen Theorien Analogieschlüsse auf soziales Verhalten, politische Interessen und theologische Überzeugungen gezogen." (dies. 1993, S. 31 ff.)

Diesem Vorwurf, der *ein* Ergebnis aus der Diskussion um die Kategorie Geschlecht darstellt, möchte ich nachgehen, und zwar anhand des eben erwähnten Konzeptes vom „weiblichen Arbeitsvermögen", das von Beck-Gernsheim (1976) und I. Ostner (1978)[1] entwickelt wurde.[2] Dieses Konzept betrachte ich als einen Erklärungsansatz zur Geschlechterdifferenz, weil in ihm der Versuch unternommen wird, die Ursache für das Anderssein von Frauen zu bestimmen. Es basiert somit auf der Grundannahme einer Verschiedenheit der Geschlechter, und an ihm läßt sich exemplarisch eine Auseinandersetzung über die strukturelle Problematik differenztheoretischer Konzepte führen, die innerhalb der Diskussion um die Kategorie Geschlecht aufgezeigt wird. Wetterer hält dieses Konzept für den „in der deutschen Frauenforschung bislang wohl (folgenreichsten) Versuch zur Bestimmung der Differenz der Geschlechter" (dies. 1992, S. 16).

Die Entscheidung, das Konzept des „weiblichen Arbeitsvermögens" exemplarisch zu bearbeiten, obwohl es bereits aus den frühen Jahren der Frauenforschung stammt, fiel zusätzlich aus folgenden Gründen: Es ist häufig rezipiert worden und wird auch heute noch rezipiert (z.B. Blossfeld 1991, S. 4 ff.; Kleber 1992, S. 97 ff.), und vor allem ist es eines der wenigen Konzepte, das auch außerhalb der Frauenforschung Beachtung gefunden hat (s. Knapp 1988a, S. 14). Außerdem ist es ein in sich geschlossenes Konzept und eignet sich entsprechend dazu, strukturell und übersichtlich bearbeitet zu werden. „Weibliche Sozialisation" wiederum, auf die Hagemann-White im oben genannten Zitat hinweist, spielt innerhalb des Konzeptes eine Rolle, was mir wichtig ist, weil in sozialisationstheoretischen Fragen erziehungswissenschaftliche eingeschlossen sind.

Um andererseits Diskussionen und Kritik an der Kategorie Geschlecht darzustellen, werde ich auf unterschiedliche Theorieströmungen zurückgreifen; dabei interessiert insbesondere, was die einzelnen Wissenschaftlerinnen genau damit meinen, wenn sie den Begriff „Konstruktion von Geschlecht" verwenden. Zum einen beziehe ich mich für diese Klärung auf feministische Literatur, die die Konstruiertheit der Kategorie Geschlecht betont. Hierfür sind zwei Diskussionsstränge bedeutend: Veröffentlichungen, die im Anschluß an ethnomethodologische Analysen entstanden sind, da in ihnen die soziale Konstruktion von Geschlecht in der Interaktion hervorgehoben wird, und Hypothesen von Butler, eben weil sich an ihrer Veröf-

---

[1] Wenn in dieser Arbeit der Name *Ostner* auftaucht, handelt es sich *immer* um *Ilona* Ostner; darauf möchte ich hinweisen, um einer möglichen Verwechslung vorzubeugen. Im weiteren Verlauf wird wegen der besseren Lesbarkeit und einer einheitlichen Vorgehensweise innerhalb des Textes auf eine explizite Kennzeichnung des Vornamens verzichtet.

[2] Beck-Gernsheim und Ostner haben den Begriff *weibliches Arbeitsvermögen* zur gleichen Zeit entwickelt (s. Knapp 1988a, S. 14) und sich 1978 auch gemeinsam in einem Artikel zu ihm geäußert (s. Literaturverzeichnis).

fentlichung von 1991 die Auseinandersetzung um die Kategorie Geschlecht offensichtlich entzündet hat[1]. Zum anderen möchte ich den Begriff der Konstruktion aus der wahrnehmungstheoretischen Sicht des radikalen Konstruktivismus untersuchen; diese eignet sich meines Erachtens hervorragend dazu, die Kategorie Geschlecht zu dekonstruieren[2], findet jedoch kaum Beachtung innerhalb des feministischen Diskurses.

Neben sozialwissenschaftlicher Literatur wird hier also auf feministische Theoretikerinnen und beispielsweise auch radikale Konstruktivisten zurückgegriffen. Das tue ich, weil eine interdisziplinäre Herangehensweise meines Erachtens spannend ist. Krüger weist darauf hin, daß der feministische Diskurs „wissenschaftskritisch" und vor allem „lebendig" sei (dies. 1993b, S. 13). Außerdem hätten sich „(feministische) Theorie und Wissenschaftskritik ... noch nie damit aufgehalten, disziplinäre Grenzziehungen zu respektieren, und gerade der interdisziplinäre Austausch hat auch in enger definierten Forschungsgebieten produktive Fragestellungen initiiert" (dies. 1993b, S. 12). *Lebendig, kritisch, produktiv*: Das klingt doch motivierend...

Vorgehensweise

Zunächst werden die Begriffe *Gleichheit* und *Differenz* und im Anschluß daran *sex* und *gender* erklärt. Sie sind innerhalb der Frauenforschung wichtig, und ihrer Bedeutung soll nachgegangen werden, um dann zu erläutern, mit welchem Verständnis sie in dieser Arbeit Verwendung finden. Um die genannten Begriffe einordnen zu können, folgt zunächst ein kurzer Abriß über die Entwicklung der Frauenforschung.

Daraufhin wird exemplarisch das Konzept vom „weiblichen Arbeitsvermögen" vorgestellt. Um die Kritik an diesem Konzept aus einer konstruktivistischen Sicht auf die Kategorie Geschlecht zu verdeutlichen, werde ich verschiedene Sichtweisen auf eben diese Kategorie darstellen. Abschließend soll ein Vergleich der unterschiedlichen Herangehensweisen vorgenommen werden, um letztlich die oben genannte Fragestellung zu bearbeiten: Sind Analysen, die spezifisch weibliche Entwicklungen, Fähigkeiten, Werte konstatieren, sinnvoll, oder zementieren sie vielmehr die Geschlechterdifferenz?

---

[1] Für diese beiden Diskussionsstränge verwende ich im weiteren den Ausdruck „sozialkonstruktivistisch". Landweer/Rumpf weisen darauf hin, daß auch Butler als eine „Variante des sozialen Konstruktivismus gelesen" wird (dies. 1993, S. 4).

[2] Ich verstehe „dekonstruieren" in dem von Bilden verwendeten Sinn: „seiner Selbstverständlichkeit berauben" (Bilden 1991, S. 291).

1 Kurzer Überblick zur Entwicklung der feministischen Forschung

Im Zuge der Neuen Frauenbewegung entstanden in den siebziger und achtziger Jahren zahlreiche Analysen, die sich mit dem Leben, dem Alltag, der Geschichte von Frauen beschäftigten. Ansatzpunkt der Frauenforscherinnen war die vorherrschende „androzentrische" Sichtweise innerhalb der Wissenschaft: Forschung und Erkenntnis wurden überwiegend von Männern betrieben, und auch als erforschte „Objekte" kamen Frauen entweder überhaupt nicht vor (Klinger 1990, S. 22), wurden vielmehr einfach unter die Männer subsumiert oder als defizitär betrachtet. Plakativ gesagt galt „das Männliche" als „das allgemein Menschliche" (vgl. ebd.; Brück u.a. 1992, S. 17 ff.).

Dieser Ausschluß von Frauen aus Forschung und Theoriebildung führte für viele zu der Schlußfolgerung, daß auch die Kategorien wissenschaftlichen Denkens „männlich" und unzureichend seien und gerade das nicht, was ihnen gemeinhin nachgesagt wird: „objektiv", „wertfrei" und „allgemein gültig" (Brück u.a. 1992, S. 19)[1]. Man entfernte sich von der gängigen Überzeugung, mittels Wissenschaft objektive Erkenntnisse zu gewinnen. Statt dessen traten viele für eine Wissenschaftskonzeption ein, in der das Erkenntnissubjekt nicht getrennt von Forschungsgegenstand und Methode betrachtet werden dürfe. Die Frauenforschung entwickelte sich dementsprechend zuerst als eine *Kritik* an der herrschenden Wissenschaft, die unter dem Deckmantel von Neutralität und Objektivität die Frauen an die zweite Stelle verbannte.

Dem mangelnden Vorhandensein von Frauen begegnete man zunächst von Seiten der Frauenforscherinnen überwiegend auf die Weise, daß Frauen*spezifisches* erforscht und Frauen somit in die Wissenschaft hineingeschrieben wurden (Seifert 1992, S. 255). Sie bzw. wir tauchten somit explizit auf, indem auf das „Anderssein" von Frauen Bezug genommen wurde, indem also auf der Basis der Unterscheidung von Männern Geschlechtsunterschiede erforscht wurden.

Das Bedürfnis, den konstatierten Androzentrismus der gängigen Wissenschaft sichtbar zu machen, hatte entsprechende Auswirkungen auf die feministische Theoriebildung, für die zwei gegensätzliche Perspektiven von entscheidender Bedeutung sind: „Gleichheit" und „Differenz".

---

[1] Hierin ist die Kritik vergleichbar mit den Auseinandersetzungen innerhalb des sogenannten Positivismusstreites in der deutschen Soziologie.

1.1 Die Begriffe *Gleichheit* und *Differenz* in der feministischen Forschung

„Ob die Frauenemanzipation durch »Gleichheit«, d.h. durch Anpassung an die Lebens- und Verhaltensweisen von Männern, zu erreichen ist oder eher durch Betonung ihrer »Differenz«, ist ein heiß umstrittenes Thema im feministischen Theoriediskurs. Theoretikerinnen der »Gleichheit« streben eine Aufhebung der Unterschiede zwischen Frauen und Männern im Denken und Handeln an und fordern egalitäre Verhältnisse hier und jetzt. Bestehende Unterschiede werden auf soziale, und das heißt aufhebbare, politisch abzuschaffende Zusammenhänge zurückgeführt. »Differenz«-Theoretikerinnen dagegen konstatieren Unterschiede zwischen Frauen und Männern, die sie teilweise oder weitgehend auf biologische Unterschiede zurückführen. Sie verlangen, daß die negative Bewertung des »Weiblichen« aufgehoben werde. Die Einbeziehung »weiblicher« Werte auch in der Wissenschaft wird hier als Weg feministischer Emanzipation angesehen." (Brück u.a. 1992, S. 26 ff.)

Innerhalb der Forschung wurde und wird *Gleichheit* zwischen Frauen und Männern häufig als ein Konzept von *Androgynie* verstanden, bei dem Männer und Frauen potentiell die gleichen Eigenschaften und Fähigkeiten besitzen[1]. Die patriarchalen gesellschaftlichen Strukturen gelten als überwindbar, indem Frauen und Männer sich angleichen, Frauen dieselben Chancen wie Männer erhalten und somit letztendlich die gleichen gesellschaftlichen Positionen einnehmen sollen. *Gleichheit* gilt dabei als anzustrebendes und erreichbares Ziel.

Der Begriff der *Differenz* dagegen muß mittlerweile wesentlich vielschichtiger betrachtet werden, weil er von unterschiedlichen Strömungen benutzt wird und somit längst nicht mehr eindeutig ist. Krüger (1993a, S. 8) weist darauf hin, daß der Begriff der Differenz (bzw. Differen*zen*) derzeit im feministischen Kontext zwei verschiedene Bedeutungen haben kann: Zum einen findet er Anwendung innerhalb der *Theoriediskussion zur Geschlechterdifferenz*, zu deren Vertreterinnen beispielsweise die Philosophinnengruppe DIOTIMA gehört; zum anderen kann damit eine Strömung gemeint sein, die in den achtziger Jahren an Bedeutung gewonnen hat: In ihr geht es darum, die *Differenzen unter Frauen* anzuerkennen und zu akzeptieren.

Hinter dem erstgenannten Differenzbegriff, der in der Hauptsache eine philosophische Auseinandersetzung mit der Geschlechterdifferenz darstellt, verbirgt sich die Überzeugung, daß die sexuelle Differenz nicht zum Ausdruck kommt, nicht sichtbar ist, weil „ ... die existierenden Symbolsysteme ausschließlich männlich

---

[1] Vgl. dazu Bilden: „Androgynie meint so etwas wie 'psychische Bisexualität', Vereinigung männlicher und weiblicher Eigenschaften in einer Person als Idealvorstellung von einem 'reifen', 'gesunden', 'ganzen' Menschen..."(Bilden 1980, S. 783).

geprägt seien ..." (Krüger 1993a, S. 8). Damit ergibt sich für diesen Differenzbegriff folgende Stoßrichtung: Er wird

> „... gegen die totalisierende Dominanz einer männlich geprägten Eingeschlechtlichkeit der Gesellschaft in Anschlag gebracht, gegen die das spezifisch Weibliche allererst Geltung beanspruchen und erlangen müsse. Es ist hier die Differenz ... zwischen den beiden Geschlechtern, die Anerkennung verlangen soll" (ebd.).

Von diesem Differenzbegriff möchte ich mich in dieser Arbeit distanzieren. Es geht hier zwar um die Frage nach der Differenz zwischen den Geschlechtern, allerdings aus einer völlig anderen Perspektive: Nicht das spezifisch Weibliche soll hervorkommen, sondern vielmehr wird der Frage nachgegangen, ob es das überhaupt geben kann.

Mein Blickwinkel läßt sich eher unter dem zweitgenannten Differenzbegriff einordnen, wenn man diesen um einige Formulierungen Barretts (1987)[1] erweitert: Aufgrund der Auseinandersetzungen unter Feministinnen ist deutlich geworden, daß es zahlreiche Unterschiede *zwischen* den Frauen gibt: „Mittlerweile besteht weitgehende Übereinstimmung darin, daß Klasse und Rassismus zwei Hauptachsen der Differenz zwischen Frauen bilden." (dies. 1987, S. 109) Bei diesem Verständnis von „Differenz" geht es einerseits um Verschiedenheit unter Frauen, andererseits aber auch um das Spannungsverhältnis zwischen Frauen und Männern; hierbei wird gerade die konstatierte Differenz *zwischen* den Geschlechtern, die (vermeintliche) Andersartigkeit als wesentlich begriffen, weil über sie die patriarchalen Strukturen überwunden werden können. Diese beiden genannten Differenzen – sowohl zwischen den Kategorien Mann und Frau als auch innerhalb der Kategorie Frau – nennt Barrett *externe* und *interne* Differenz (dies. 1987, S. 122); die Differenz beruht dabei auf *heterogener Erfahrung*[2].

In dieser Veröffentlichung steht nun eine Kritik an der externen Differenz im Mittelpunkt; es geht darum, die Differenz zwischen der Kategorie Mann und der Kategorie Frau zu hinterfragen. Wie ich die Auseinandersetzung um die Kategorie Geschlecht verstehe, wird sie sowohl hinsichtlich der körperlichen Differenzen geführt (mit der Frage, ob Frauen und Männer so verschieden sind, wie wir gemeinhin annehmen) als auch hinsichtlich verschiedener Einstellungen, Eigenschaften und Verhaltensweisen zwischen den Geschlechtern.

---

[1] Barrett unterscheidet in diesem Artikel genaugenommen zwischen drei Differenzbegriffen, von denen die Schilderung des dritten im Zusammenhang mit der Fragestellung dieser Arbeit jedoch zu weit führte.

[2] Der Begriff der heterogenen Erfahrung wiederum ist wesentlich für eine Reihe feministischer Theorien, nämlich der sogenannten Standpunkttheorien (vgl. Klinger 1990; Seifert 1992).

Im folgenden wird der Begriff *Differenz* zunächst ganz allgemein mit „Verschiedenheit" übersetzt und im weiteren geprüft, wie er im Konzept vom „weiblichen Arbeitsvermögen" Verwendung findet.

1.2 Die Einführung der Begriffe *sex* und *gender*

Ein wichtiger Aspekt innerhalb der feministischen Forschung ist die Einführung der Begriffe *sex* und *gender* geworden. In Abgrenzung zu einem ausschließlich biologischen Verständnis des Begriffes Geschlecht hat sich, aus dem angloamerikanischen Raum entstammend, diese Unterscheidung durchgesetzt, die erstmals in den Human- und Sozialwissenschaften in den USA in den fünfziger Jahren auftrat (Haraway 1987, S. 26 ff.); diese Forschungen kann man als die Voraussetzung für die sex/gender-Konstruktion betrachten, die in den siebziger Jahren von Feministinnen entwickelt wurde[1].

Im Deutschen gibt es keine adäquate Übersetzung, so daß in der Regel die Begriffe aus dem Amerikanischen übernommen werden. Vor allem wird der Begriff des *gender* nicht einheitlich gebraucht, sondern unterliegt den Interpretationen der jeweiligen Theoretikerinnen:

> „Feministische Konstrukte des 'Gender' schwanken zwischen den Kategorien, die die biologischen Unterschiede betonen und solchen, die nur auf einer sozialen oder diskursiven Praxis beruhen. (...) Die Diskussionen über Gender wurden noch komplizierter dadurch, daß feministische Wissenschaftlerinnen ihre Aufmerksamkeit ... zu der sehr bedeutsamen Variabilität (weggelenkt haben), die durch kulturspezifische Unterschiede entsteht, ebenso wie durch Klassen- und Rassenunterschiede in ansonsten einheitlichen Gesellschaften." (E. Fox Keller 1990, Anm. 4 u. 6, S. 130)[2]

Der kleinste gemeinsame Nenner der Ausführungen zu *sex* und *gender* besteht darin, „sex" als das biologische Geschlecht, „gender" als das soziale/kulturelle

---

[1] Der Entwurf eines sex/gender-Systems findet sich bei Rubin folgendermaßen: „Every society ... has a sex/gender system - a set of arrangements by which the biological raw material of human sex and procreation is shaped by human, social intervention and satisfied in a conventional manner, no matter how bizarre some of the conventions may be." (Rubin 1975, S. 165)

[2] Hier trifft sich die Debatte mit Erkenntnissen aus der Debatte über „Differenzen unter Frauen": Lange Zeit galt die weiße amerikanische oder europäische Mittelstandsfrau als *das* feministische Subjekt. Diskussionen in den achtziger Jahren verdeutlichten jedoch, daß es zahlreiche Differenzen *unter* Frauen aufgrund von „Nation ... Klasse, Region und Rasse" (Segal 1989, S. 15) gibt.

Geschlecht zu betrachten (vgl. Anm. d. Übers. in Haraway 1987, S. 22)[1]; so zumindest werde ich die Begriffe zunächst verwenden, da sie meines Erachtens in dieser Interpretation im Konzept des „weiblichen Arbeitsvermögens" vorkommen. Zudem beziehen sich, um eine weitere Gemeinsamkeit herauszustellen, laut Haraway (dies. 1987, S. 23) alle modernen feministischen Theoretikerinnen auf de Beauvoirs vielzitierten Satz: „Man kommt nicht als Frau zur Welt, man wird es." (de Beauvoir 1949/1983, S. 265)

Die Bedeutung der sex/gender-Unterscheidung liegt in erster Linie darin, daß der Versuch unternommen wird, nicht mehr nach biologischen (bzw. vermeintlich biologischen) Ursachen für geschlechtsspezifische Stereotype und Verhaltensweisen zu fragen, sondern ihre soziale/kulturelle Produziertheit hervorzuheben, das Geschlecht sozusagen als das Ergebnis eines sozialen/kulturellen Formungsprozesses anzusehen. Obwohl auch bei diesem kleinsten gemeinsamen Nenner Geschlechtlichkeit als sozial produziert gilt, reicht diese einfache Dimension (*sex* als natürliches, *gender* als soziales/kulturelles Geschlecht) einigen feministischen Theoretikerinnen jedoch nicht aus, was im weiteren nachgewiesen wird.

---

[1] Butler unterscheidet zwischen *sex* als „anatomischem »Geschlecht«" und *gender* als „Geschlechtsidentität" (Butler 1991a, S. 22); Gildemeister/Wetterer fassen *sex* als „biologisch zugeschriebenen Status, determiniert durch Anatomie, Morphologie, Physiologie und Hormone", auf (dies. 1992, S. 205); *gender* beschreiben sie als „erworbenen Status", „sozial und kulturell geprägte »Geschlechtscharaktere«", „... die im Verlauf von Sozialisationsprozessen angeeignet werden und die mit der geschlechtsspezifischen Arbeitsteilung korrespondieren, auf deren Erfordernisse hin sie strukturiert sind" (ebd.).

2 Exemplarisch: Das „weibliche Arbeitsvermögen". Zur Entwicklung eines Konzeptes und seiner Bedeutung

Mit der These vom „weiblichen Arbeitsvermögen" wird der Versuch unternommen, sich gegen die biologisch determinierte Zuweisung geschlechtsspezifischer Eigenschaften und Verhaltensweisen zu wenden. Insofern geht das Konzept von einer *gender*-Perspektive aus, auch wenn Beck-Gernsheim und Ostner es nicht explizit so benannt haben. Neben der zentralen Bedeutung des *geschlechtsspezifischen Arbeitsmarktes* (s.u.) ist für das Konzept von Beck-Gernsheim und Ostner der Begriff der *Sozialisation* von Wichtigkeit. Sozialisation wird begriffen als „historisch-soziokultureller Formungsprozeß" (Brück u.a. 1992, S. 73), durch den weibliche Kinder zu Frauen und männliche Kinder zu Männern werden. Hierunter lassen sich alle Erziehungsprozesse subsumieren:

> „Sozialisation meint mehr als der klassische pädagogische Begriff der 'Erziehung'... .
> (...) Vielmehr schließt Sozialisation den Vorgang der Erziehung mit ein und umfaßt darüber hinaus auch jene ungeplanten, aber persönlichkeitsprägenden Lernvorgänge, die sowohl das Kleinkind wie auch später noch der Erwachsene durch eigene Erfahrungen machen kann." (Henecka 1985, S. 66.)

2.1 Zum Begriff der geschlechtsspezifischen Sozialisation

Einem Überblicksartikel von Bilden (dies. 1980)[1] ist die Entwicklung der geschlechtsspezifischen Sozialisationsforschung zu entnehmen. Eines der Bestimmungsmomente der empirischen Forschung zur geschlechtsspezifischen Sozialisation sieht sie in der „Alltagspsychologie der Geschlechter":

> „Die Auswahl der Konzepte und Variablen wurde, vor allem bis zum Beginn der siebziger Jahre, im wesentlichen durch die Alltagspsychologie der Geschlechter, d.h. vorwissenschaftliche Konzepte psychischer Eigenschaften von Männern und Frauen (heute heißt das 'Geschlechtsrollenstereotypien'), bestimmt." (Bilden 1980, S. 779)

---

[1] Der Aufsatz in der Fassung von 1980 unterscheidet sich sehr von der Neufassung aus dem Jahr 1991; beide Aufsätze spiegeln die Entwicklung, Auseinandersetzung und einen veränderten Blick auf den Gegenstand „geschlechtsspezifische Sozialisation" wider. Für das „weibliche Arbeitsvermögen" ist zunächst die Veröffentlichung von 1980 bedeutend, weil sie einen Überblick für den Zeitraum gibt, in dem Ostner und Beck-Gernsheim das Konzept entwickelt haben.

In aller Kürze: Mit der Veränderung der Arbeitsteilung durch die Industrialisierung (Produktion in der Fabrik – Reproduktion in der Familie) tauchte im Bürgertum eine bestimmte Art Literatur („Hausväterliteratur") auf, die das Alltagsverständnis über „die Geschlechter" bis in unsere Zeit geprägt zu haben scheint:

> „Kernpunkt der Aussagen ist eine Geschlechteranthropologie (KANT 1794, 1798), die eine psychische Polarität der Geschlechter konstruiert und als Wesen von Mann und Frau behauptet; Abweichungen davon erscheinen als Unnatur. Männer und Frauen werden dabei durch eine Reihe psychischer Eigenschaften charakterisiert: Mann bedeutet das Individuelle, d.h. Selbstheit, Selbständigkeit, Kraft, Energie, Begrenzung, Antagonismus – Aktivität, Rationalität; Frau heißt: Abhängigkeit, Unbestimmtheit, Verschmelzung, Hingabe, Sympathie, Liebe – Passivität, Emotionalität ..." (Bilden 1980, S. 779 im Anschluß an K. Hausen).

Dieser nachhaltig wirkenden Ideologie über die sogenannten „Geschlechtscharaktere" entsprechend, wurde häufig Forschung betrieben, die die spezifischen psychischen Eigenschaften von Männern und Frauen untersuchte. „Es war also die Psychologie, die Geschlechterdifferenzen in Form von traits nachforschte, die im Alltag als selbstverständlich angenommen wurden ..." (Bilden 1980, S. 780). Erst mit der Frauenforschung entstand in bezug auf Frauen und Männer der Versuch, auf die Bestimmung ihres „natürlichen Wesens" zu verzichten und statt dessen zu fragen, wie sich der Aneignungsprozeß von »Weiblichkeit« und »Männlichkeit« durch die Sozialisation vollzieht. Wichtige Begriffe sind hierbei *Geschlechtsrollen* und *Identität* (vgl. Bilden 1980, S. 778).

Die genannten Ausführungen sind wichtig, um zu verdeutlichen, von welchem Hintergrund sich die Begriffe *Weiblichkeit* und *Frau* innerhalb des Konzeptes vom „weiblichen Arbeitsvermögen" abheben sollen: Beck-Gernsheim wendet sich gegen die oben genannten Erklärungsansätze, die die Benachteiligung der Frauen auf dem Arbeitsmarkt zu erklären versuchen. Diese Ansätze verbreiten ihrer Ansicht nach lediglich „ ... biologisch-wesensmäßige Eigenarten der Frau; gesellschaftliche Vorurteile gegenüber Frauen bzw. weibliche Geschlechtsrollenstereotype; geschlechtsspezifische Sozialisationsziele und -bedingungen ..." (Beck-Gernsheim 1976, S. 3), da sie zu kurz griffen. Dezidiert wendet sie sich gegen Stereotype und geschlechtsspezifische Eigenschaften:

> „Häufig wird die berufliche Sonderstellung der Frau auch damit zu erklären versucht, daß nicht nur geschlechtsspezifische Stereotype den Frauen in unserer Gesellschaft bestimmte Eigenschaften unterstellen, sondern daß Frauen tatsächlich aufgrund geschlechtsspezifisch verlaufender Sozialisationsprozesse über besondere Eigenschaften, Fähigkeiten und Orientierungen verfügen. Derartige »weibliche« Eigenschaften – so wird in diesem sozialisationstheoretischen Ansatz argumentiert – werden in familiären und schulischen Erziehungsprozessen erworben und sind von erheblicher Bedeutung für die Berufswahl und -motivation von Mädchen, aber auch

für berufliches Verhalten wie Durchsetzungsfähigkeit, Ehrgeiz, Karrierestreben." (Beck-Gernsheim 1976, S. 4)

Dennoch akzeptiert Beck-Gernsheim das Entstehen der Grundlagen einer geschlechtsspezifischen Persönlichkeitsentwicklung in den „frühen und frühesten Phasen der Sozialisation" (Beck-Gernsheim 1976, S. 4).

2.2 Die Bedeutung des geschlechtsspezifischen Arbeitsmarktes für das „weibliche Arbeitsvermögen"

Ausgangspunkt des Konzeptes vom „weiblichen Arbeitsvermögen" ist die Existenz des geschlechtsspezifischen Arbeitsmarktes: In bestimmten Branchen und Berufen sind mehr bis wesentlich mehr Personen des einen Geschlechts anzutreffen; diese Entwicklung ist zum Teil so deutlich, daß von geschlechtstypischen Berufen gesprochen und somit zwischen „Frauen"- und „Männer"-Berufen unterschieden wird.[1] Hierin drückt sich die horizontale Segmentierung des Arbeitsmarktes aus.

Die vertikale Segmentierung nach dem Geschlecht läßt sich nachvollziehen, indem man die vorhandenen Hierarchien genauer betrachtet. Hier läßt sich, ebenfalls grob vereinfacht, sagen, daß der Anteil von Frauen sinkt, je höher die Position ist, je größer Macht und Entscheidungskompetenzen sind (Brückner 1993, S. 12). An diesem Zustand hat sich in den vergangenen Jahren im wesentlichen nichts geändert, so daß die derzeitige Situation in etwa der entspricht, die Ostner und Beck-Gernsheim Mitte/Ende der siebziger Jahre vorfanden. Eher noch hat sich die Situation für Frauen nach dem Zusammenbruch der DDR und durch die Rezession in der Bundesrepublik verschärft, da sie überproportional von Arbeitslosigkeit betroffen sind.

Blossfeld, dessen Datensatz zwar aus dem Jahre 1979 stammt, der jedoch Geburtskohorten der Jahre 1919 bis 1956 verwendet hat (die somit beinahe ausnahmslos in die Entwicklungszeit des Konzeptes von Ostner/Beck-Gernsheim fallen), faßt seine Arbeitsmarktanalyse folgendermaßen zusammen:

> „Die geschlechtsspezifische Differenzierung des Arbeitsmarktes, die im Alltag in der Trennung von 'Männer-' und 'Frauenberufen' deutlich sichtbar ist, zählt zu den dauerhaftesten strukturellen Merkmalen aller modernen Gesellschaften. Im Vergleich zu den Männern konzentrieren sich die Frauen auf wenige Ausbildungsberufe und Berufsfelder, sind die Frauen überproportional in den unteren Rängen der Berufshierarchie zu finden, liegen die Arbeitslosenquoten bei den Frauen auf allen

---

[1] Ein Beruf gilt als geschlechtsspezifisch, wenn mindestens 80 Prozent Angehörige desselben Geschlechts sind (Rabe-Kleberg 1990).

Qualifikationsniveaus erheblich höher und verdienen die Frauen in den meisten Berufen weniger." (Blossfeld 1993, S. 1)

Das Konzept des „weiblichen Arbeitsvermögens" stellt einen Versuch dar, die Benachteiligung von Frauen am Arbeitsmarkt zu erklären (vgl. Ostner 1992, S. 109) und beabsichtigt, sich von traditionellen Erklärungsansätzen abzuheben. Diese traditionellen Erklärungsansätze unterscheiden sich in angebotsorientierte und nachfrageorientierte Ansätze (vgl. Gottschall 1990, S. 41; Ostner 1990, S. 23 ff.). Angebotsorientierte Erklärungsansätze beschreiben die Benachteiligung von Frauen am Arbeitsmarkt als das Ergebnis eines „defizitär" genannten Verhaltens von Frauen am Arbeitsmarkt: Frauen besäßen beispielsweise keine ausreichend qualifizierte Ausbildung und zeigten nicht genügend Flexibilität. Nachfrageorientierte Erklärungsansätze sehen statt dessen den geschlechtsspezifischen Arbeitsmarkt als das Ergebnis betrieblicher Interessen an, welche die spezielle weibliche Arbeitskraft nutzen wollten. Ansätze der einen wie der anderen Prägung greifen nach Ansicht Beck-Gernsheims und Ostners zu kurz, weil sie folgendes nicht erläutern können: „Wie erklären sich die spezifisch weibliche Berufswahl und eine Berufspraxis, die sich in Qualifikationsniveau und -kombination, in Mobilität und Karriereorientierung, in Kontinuität und Entlohnung etc. signifikant von männlicher Berufswahrnehmung unterscheidet?" (Ostner 1978, S. 9). Das heißt konkret: Warum entscheiden sich Frauen dafür, andere Berufe zu wählen, andere Berufswege einzuschlagen als Männer?

Im Konzept des „weiblichen Arbeitsvermögens" werden nun im Gegensatz zu klassischen Erklärungsansätzen „zwei Bedingungszusammenhänge" (Beck-Gernsheim 1976, S. 8) in Beziehung gesetzt: „(»weibliche«) Sozialisationsprägungen und betrieblich-ökonomische Interessen an weiblicher Arbeitskraft" (ebd.). Entstanden ist dieser Ansatz in der Berufs- und Wissenssoziologie (s. Gottschall 1990; Ostner 1990) – allerdings mit einer feministischen Perspektive (s. Ostner 1990, S. 36).

2.3 Zusammenfassende Darstellung des „weiblichen Arbeitsvermögens"

Anknüpfungspunkt des Konzeptes von Beck-Gernsheim und Ostner ist die geschlechtsspezifische Arbeitsteilung: Beide konstatieren zwei Grundformen von Arbeit, die sie als *partiell unvereinbar* und *komplementär* (Beck-Gernsheim/ Ostner 1978, S. 268) beschreiben: *Hausarbeit* und *Beruf*. Diese werden innerhalb des Konzeptes folgendermaßen charakterisiert:

Berufsarbeit orientiert sich an den Prinzipien des Tausches und ist über den Markt vermittelt. Ein Kennzeichen beruflicher Arbeit ist, daß sie „ ... nicht unmittelbar und konkret auf Deckung des Eigenbedarfs ..., sondern ... primär auf Wertvergrößerung gerichtete Arbeit (ist)" (Beck-Gernsheim/Ostner 1978, S. 269). Berufsarbeit besteht aus der Spezialisierung auf Einzelaufgaben und macht ein Konkurrenzverhalten erforderlich, um am Arbeitsmarkt bestehen zu können (s.a. Beck-Gernsheim 1976, S. 8); „ ... die Tätigkeiten sind entmischt, hierarchisiert und funktional spezifisch geordnet ..." (Ostner 1992, S. 110).

Kennzeichen von *Hausarbeit* dagegen ist das Ausgerichtetsein auf andere Personen, in der Regel Familienmitglieder. Hausarbeit findet in einem „überschaubaren Sozialkontext" (Beck-Gernsheim 1976, S. 8) statt, in den die Arbeitenden eingebunden sind (Ostner 1992, S. 109), wodurch ein persönlicher Aufgabenbezug besteht, und sie beinhaltet die Befriedigung unmittelbarer Lebensbedürfnisse. Hausarbeit deckt die gesellschaftlich notwendigen Tätigkeiten wie Kinderversorgen, Kochen und Waschen ab und sorgt für ein Milieu, in dem sich Berufstätige emotional erholen können; sie ermöglicht die Reproduktion von deren Arbeitskraft und ist somit unentbehrlich für Berufsarbeit (Beck-Gernsheim/Ostner 1978, S. 269).

Wesentlich bestimmend für Hausarbeit ist aus Sicht des Konzeptes zudem die „Naturgebundenheit":

> „Private Hausarbeit erinnert an eine archaische, noch unmittelbar naturgebundene und bedarfsbezogene Wirtschaftsweise, wie sie sich zu Beginn der Industrialisierung auf dem Land beim traditionell bäuerlichen Familienbetrieb gehalten hat. »Beruf« beginnt sich dagegen erst mit dem Übergang einer noch unmittelbar bedarfsbezogenen Wirtschaftsweise zum »Markt« (Tausch) abzuzeichnen." (Beck-Gernsheim/Ostner 1978, S. 269)

Beruf ist leistungsorientiert, wird bezahlt und erfordert ein ausgebildetes Spezialwissen; es gibt arbeitsfreie, definierte Freizeit. *Hausarbeit* richtet sich dagegen nach dem Kreislauf natürlicher Bedürfnisse (wie Hunger und Krankheit), wird aufgrund eines Alltags- bzw. Erfahrungswissens[1] geleistet und bleibt unbezahlt.

---

[1] Hausarbeit gilt als „unmittelbar naturgebundener", nicht genau kalkulierbarer Arbeitsgegenstand (vgl. Beck-Gernsheim/Ostner 1978, S. 271 ff.; Ostner 1978, S. 145); Aneignungsweisen eines

Beruf und Hausarbeit sind also qualitativ verschieden und erfordern demgemäß laut Beck-Gernsheim und Ostner bestimmte Fähig- und Fertigkeiten und ein spezifisches Verhalten (dies. 1978, S. 272), um die Anforderungen erfüllen zu können. Entsprechend dieser beiden Arbeitsformen existieren nach Beck-Gernsheim und Ostner zwei typische Grundformen von *Arbeitsvermögen* in industriellen Gesellschaften: ein *berufliches* und ein *reproduktionsbezogenes* (Beck-Gernsheim 1976, S. 43). Unter *Arbeitsvermögen* werden dabei bestimmte Fähigkeiten, Orientierungen, Bereitschaften, Situationsdeutungen und Werthaltungen verstanden (s. dazu Beck-Gernsheim 1976, S. 75 ff.; Beck-Gernsheim/Ostner 1978, S. 268).[1]

Inhalte der jeweiligen Arbeitsvermögen[2]

Berufliche Arbeit betrachten Beck-Gernsheim und Ostner als *fremdbestimmt, anonym* und *abstrakt* (insbesondere im Gegensatz zur Unmittelbarkeit der Hausarbeit). Ihr wohnt eine „doppelte Zweckstruktur" inne (Beck-Gernsheim 1976, S. 26), denn sie dient zum einen dazu, gesellschaftlich notwendige Aufgaben zu erfüllen, zum anderen soll sie die Existenz des Arbeitenden sichern. Dementsprechend beinhaltet das berufliche Arbeitsvermögen *Fremd- und Anonymitätsbezogenheit* (Beck-Gernsheim 1976, S. 29) und ist auf *Funktionserfüllung* ausgerichtet. Beruflich Arbeitende orientieren sich an *quantitativen Kriterien*, um ihren Erfolg zu messen (z.B. Sollerfüllung; zeit- und kostenökonomisches Vorgehen). Da es bei Berufsarbeit nur zum einen um die Ausführung gesellschaftlich wichtiger Tätigkeiten geht, zum anderen aber um die Sicherung des Lebensunterhaltes, bauen sich zu anderen Menschen *Konkurrenzbeziehungen* auf, und die eigene Leistung wird an Kriterien wie *Einkommen* und *Prestige* bemessen.

Das reproduktionsbezogene Arbeitsvermögen enthält dagegen *Fähigkeiten*, die auf *zwischenmenschliche Beziehungen* hin verweisen, entsprechend der „Familien- und Freundesbezogenheit" (Beck-Gernsheim 1976, S. 37) der Hausarbeit: „ ... intuitiv-gefühlsbestimmte Verhaltensweisen, Geduld und Beharrlichkeit, Bereitschaft zur Einfügung und emotionale Abhängigkeit. (...) In diesem Arbeitsvermögen sind ... Erfahrungswissen, Intuition, Fürsorglichkeit ebenso eingebunden wie

---

naturgebundenen Arbeitsgegenstandes sind „Empathie" und „Intuition"; diese wiederum führen zu einem „Erfahrungswissen" (ebd).

[1] Ostner und Beck-Gernsheim stellen die Besonderheiten des *reproduktionsbezogenen* Arbeitsvermögens in den Vordergrund, Fähigkeiten und positiv bewertete Dispositionen des beruflichen Arbeitsvermögens werden meines Erachtens nicht explizit benannt.

[2] Bei den folgenden kursiv gedruckten Worten handelt es sich um eine Zusammenfassung der Begriffe, mit denen Beck-Gernsheim und Ostner die Arbeitsvermögen in den verschiedenen Veröffentlichungen beschreiben.

eine 'Blindheit gegenüber der eigenen Praxis' *(Lorenzer)* oder eine Ohnmacht gegenüber einer nur unzureichend bekannten beruflichen Wirklichkeit ..." (Beck-Gernsheim/Ostner 1978, S. 273). Es gibt keine eindeutigen Erfolgskriterien für die geleistete Arbeit (wie Prestige, Einkommen), so daß eine *Abhängigkeit von sozialer Anerkennung* besteht. Da Hausarbeit in unserer Gesellschaft „gettoisiert" ist (Ostner 1978, S. 147 ff.; Beck-Gernsheim/Ostner 1978, S. 273) und wenig Achtung erfährt, weil wir einseitig auf die Anerkennung von Berufsarbeit fixiert sind, ist das reproduktionsbezogene Arbeitsvermögen von *Ambivalenz* geprägt. In ihm lassen sich nach Beck-Gernsheim und Ostner neben dem *Erfahrungswissen* und der *Intuition* (s.o.) *Unwissenheit* in bezug auf die Berufswelt und *geringes Selbstwertgefühl* finden.

Geschlechtsspezifische Zuweisung der Arbeitsvermögen

Beck-Gernsheim und Ostner gehen nun davon aus, daß Männer ein berufliches, Frauen ein reproduktionsbezogenes Arbeitsvermögen entwickeln. Diese geschlechtsspezifische Zuweisung eines bestimmten Arbeitsvermögens betrachten sie als das Ergebnis eines historischen Prozesses: Die bei „Frühkulturen und bei den Naturvölkern" (Beck-Gernsheim 1976, S. 44) vorhandene Arbeitsteilung, bei der Frauen die Routinetätigkeiten des Alltags, Kinderpflege etc., Männer die „gefährlichen" Dinge wie Jagen und Kriegführen übernehmen, wurde im übertragenen Sinn auch in Industriegesellschaften beibehalten; mit Beginn der Industrialisierung gehen Männer „nach draußen", um einer vom Heim entfernten Tätigkeit nachzugehen, während Frauen die Versorgung des Hauses übernehmen. Diese klassische Form der Arbeitsteilung, die Frauen eine Tätigkeit außer Haus zunächst verbot, fand zwar lediglich im Bürgertum statt, wurde allerdings zum gesamtgesellschaftlichen ideologischen Maßstab. Mittlerweile ist für Frauen eine Berufstätigkeit beinahe selbstverständlich, aber die „traditionelle, über viele Jahrhunderte vollzogene Zuordnung der Frau zu den Routinearbeiten des Alltags" (ebd.) blieb und bleibt bestehen.

Diese Arbeitsteilung zwischen den Geschlechtern hat laut Beck-Gernsheim im Laufe des historischen Prozesses Auswirkungen auf die physische und psychische Verfassung von Männern und Frauen: „ ... *bis diese Arbeitsteilung schließlich bis tief in die Persönlichkeit von Mann und Frau hineinreicht und in ihr verankert ist"* (Beck-Gernsheim 1976, S. 45; Hervorh. im Original). Somit kommt der vorhandenen geschlechtsspezifischen Arbeitsteilung innerhalb des Konzeptes ursächliche Bedeutung für die Entwicklung ganz bestimmter Eigenschaften und Fähigkeiten zu. Als Bindeglied zwischen Arbeitsteilung und Fähigkeitsentwicklung fungiert dabei der Prozeß der *Sozialisation*. Vermittelt über diesen Prozeß, der Jungen auf einen Beruf, Frauen auf die Übernahme von Hausarbeit vorbereitet, entwickelten

Männer und Frauen ihre jeweiligen geschlechtsspezifischen Arbeitsvermögen und somit differierende Orientierungen.

> „Geschlechtsspezifische Sozialisationsbedingungen, die von differierenden (einmal beruflichen, einmal familiär reproduktionsbezogenen) Arbeitserfahrungen und -anforderungen geprägt sind, setzen sich um in tief verankerte Persönlichkeitsstrukturen, in »männliche« versus »weibliche« Lebenspläne und -wege, Fähigkeiten und Unfähigkeiten, Eignungen und Neigungen, biographische Zwänge und Ziele." (Beck-Gernsheim 1976, S. 47)

Auf diese Weise wird dieselbe ursächliche Arbeitsteilung wiederum produziert und reproduziert (dies. 1976, S. 48), so daß ein fortwährender Kreislauf entsteht und aufrechterhalten wird, denn die über den „ ... Sozialisationsprozeß vermittelte geschlechtsspezifische Fähigkeitsentwicklung (ist) sowohl Folge wie auch Voraussetzung der geschlechtsspezifischen Arbeitsteilung" (ebd.). Interessanterweise geht Beck-Gernsheim letztlich davon aus, daß Frauen und Männer verschiedene psychische Orientierungen und Eigenschaften haben. Dabei argumentiert sie in genau dem Sinne, von dem sie sich eigentlich hatte abheben wollen (vgl. Zitat S. 13 f.).

Zusammengefaßt lautet der Begründungszusammenhang des Konzeptes von Beck-Gernsheim und Ostner wie folgt: Aufgrund des historischen Prozesses der geschlechtsspezifischen Arbeitsteilung, der Männern den Beruf, Frauen die Hausarbeit zuweist, und vermittelt über die Sozialisation entwickeln Männer ein berufliches, Frauen ein reproduktionsbezogenes Arbeitsvermögen. Hierbei sind die Bedingungen für Jungen und Mädchen verschieden: Sie werden auf differierende Arbeitsanforderungen hin sozialisiert, es werden geschlechtsspezifische Erwartungen an sie gestellt, sie entwickeln im Laufe des Prozesses „weibliche" bzw. „männliche" Lebenspläne. Bestimmend für den jeweiligen Lebenszusammenhang ist Arbeit: Hausarbeit konstituiert den weiblichen Lebenszusammenhang, Beruf den männlichen. Was über die Sozialisation vermittelt wird, befähigt Frauen (nach Beck-Gernsheim und Ostner) gerade dazu, reproduktionsbezogene Arbeit zu übernehmen, und Männer dazu, einem Beruf nachzugehen.

2.4 Ergebnis: Fähigkeitsdifferenzen zwischen Männern und Frauen

Für Beck-Gernsheim erklärt das Vorhandensein eines geschlechtsspezifischen Arbeitsmarktes folgende geschlechtsspezifische Untersuchungsergebnisse – die sie somit offensichtlich akzeptiert (Beck-Gernsheim 1976, S. 53 ff.):

- Frauen und Männer unterscheiden sich bezüglich ihres Sozialverhaltens, wobei Frauen beispielsweise kontaktbereiter sind und einen Wunsch nach Geborgenheit haben.
- Beide Geschlechter unterscheiden sich hinsichtlich Aggressivität bzw. Abhängigkeit: Jungen und Männer weisen in Tests ein großes Aggressionspotential auf (bzw. ein hohes Maß an Durchsetzungsfähigkeit, Unabhängigkeit, Selbstbehauptung), bei Mädchen und Frauen lassen sich dagegen verstärkt Abhängigkeit und Einordnungsbereitschaft nachweisen.
- Mädchen und Jungen sind in ihrer Leistungsmotivation unterschiedlich ausgerichtet. Jungen streben nach sachlicher Leistung, Mädchen nach sozialer Anerkennung; letzteres hat für Frauen zur Folge, daß sie einem „Motiv der Erfolgsvermeidung" folgen, wenn Leistung ausschließlich berufliche oder intellektuelle Anforderungen beinhaltet: Um von Männern akzeptiert zu werden, ist die Überlegenheit von Mädchen/Frauen ungünstig, weil sie dann als unweiblich gelten.
- Mädchen werden zu „Gefühlsexpertinnen", Jungen neigen dagegen zu Sachlichkeit und Selbstbehauptung.

Frauen werden bei Beck-Gernsheim und Ostner über die Zuweisung zum reproduktionsbezogenen Bereich mit folgenden Dispositionen/Fähigkeiten in Verbindung gebracht: Empathie, Intuition, Gefühlsbezogenheit, Selbstbeschränkung, Harmoniestreben (und damit: Konfliktvermeidung), emotionale Abhängigkeit, größere Ängstlichkeit (im Verhältnis zu Männern), Unsicherheit, geringes Selbstwertgefühl (s. zu allen Punkten insbesondere Beck-Gernsheim 1976; Beck-Gernsheim/Ostner 1978). Nach Beck-Gernsheim und Ostner stehen Qualitäten, die Frauen für Hausarbeit benötigen, den Anforderungen im Beruf entgegen, weshalb Frauen für die Berufspraxis folgende „Verhaltensmuster" mitbringen: „ ... geringere Durchsetzungsfähigkeit, Angst vor Verantwortung, ja zum Teil geradezu ein 'Motiv der Erfolgsvermeidung'; ... 'Personalisierung' der Arbeitssituation ..." (Beck-Gernsheim/Ostner 1978, S. 277). Frauen neigen zu aufgabenbezogenem, weniger karriereorientiertem Arbeiten, sie leben häufig auch eher familienbezogen als karriereorientiert (ebd.).

Daß Mädchen/Frauen sich in diesem Sinne von Jungen/Männern unterscheiden, betrachten Beck-Gernsheim und Ostner als Ergebnis des geschlechtsspezifischen Sozialisationsprozesses, *nicht angeborener* differierender Fähigkeiten und Interessen; darauf weisen sie wiederholt hin. Bei Mädchen werden andere Eigenschaften gefördert als bei Jungen, so z.b. Folg- und Fügsamkeit, während auf die Entwicklung ihrer Selbständigkeit kein Wert gelegt wird. Beck-Gernsheim spricht vom „Erziehungsmuster zur Erfolgsvermeidung" (Beck-Gernsheim 1976, S. 92). Spezielle „erzieherische Arrangements" (Ostner 1978, S. 191) fördern demnach einige Fähigkeiten, wohingegen sie andere unterdrücken.

> „Das Nicht-Aufrücken-Wollen in höhere Positionen ist hier nicht durch äußere Hindernisse bedingt, sondern – wohl extremste, tiefgreifendste Form geschlechtsspezifischer Benachteiligung – durch interne Hemmnisse und Schädigungen, die im Sozialisationsprozeß zugefügt wurden, durch bestimmte subjektive Dispositionen der »weiblichen Kultur« und die in ihr enthaltenen Unfähigkeitsdefinitionen." (Beck-Gernsheim 1976, S. 93)

Die genannten Unterschiede zwischen Männern und Frauen führen dem Konzept nach zu einem spezifischen Zusammenspiel von „Frau und Beruf": In der Konsequenz entscheiden sich Frauen häufig für die Ausübung von Berufen, die den im „weiblichen" Lebenszusammenhang entwickelten Neigungen entsprechen und bei denen sie vermuten, daß sie dem reproduktionsbezogenen Arbeitsvermögen nahekommen. Damit erklären Ostner und Beck-Gernsheim, weshalb so viele Frauen typische „Frauen"berufe wählen, Frauen so häufig in sozialen, pflegerischen oder assistierenden Berufen vorzufinden sind, selten jedoch in konkurrenz- und karriereorientierten Positionen.

Die erwähnten besonderen Inhalte des „weiblichen Arbeitsvermögens" werden nach Beck-Gernsheim und Ostner gleichzeitig von betrieblich-ökonomischer Seite aufgegriffen und genutzt: „Sie werden aufgenommen in der Herausbildung von speziellen 'Frauenberufen', die einerseits durch bestimmte inhaltliche Ausrichtung, andererseits durch niedrige hierarchische Ausstattung charakterisiert wird." (Beck-Gernsheim/Ostner 1978, S. 274 ff.) Auf diese Weise gelten einige Berufe als „feminisiert": Notwendige Fähigkeiten zur Ausübung des Berufes gelten als „besonders kompatibel" mit dem reproduktiven Arbeitsvermögen (Ostner 1978, S. 198). Dies beschreibt die betrieblichen Verwertungsinteressen.

Beck-Gernsheim und Ostner verweisen also mehrfach darauf, daß es keine angeborenen Fähigkeitsunterschiede zwischen Männern und Frauen gibt; sie versuchen sich abzugrenzen von geschlechtsspezifischen Tests, da sie häufig Unterschiede zwischen den Geschlechtern produzieren. Auf den ersten Blick ist ihr Erklärungsansatz somit kein biologistischer.

Dennoch unterscheiden sich ihre Weiblichkeitszuschreibungen im Ergebnis nicht von biologistischen Vorstellungen: Frauen werden in konkreten Zusammenhang gebracht mit zahlreichen Fähigkeiten, Verhaltensweisen, Anschauungen, die dem alten Stereotyp von Weiblichkeit sehr ähneln (s. Knapp 1988a, S. 10) und die den Vorstellungen einer psychischen Polarität der Geschlechtscharaktere bedenklich nahe kommen (vgl. Bilden 1980, S. 779). Im Konzept von Ostner und Beck-Gernsheim denken Frauen anders („divergentes Denken"), besitzen andere Fähigkeiten (wie z.B. Intuition, Empathie), andere Verhaltensweisen und psychische Strukturen (s.o.) als Männer. Letztendlich bleibt innerhalb des weiblichen Arbeitsvermögens trotz einer *gender*-Perspektive ein Stereotyp von Weiblichkeit erhalten, das Frauen spezifische Fähigkeiten und Eigenschaften und ein spezifisches Verhalten zuschreibt. Der Unterschied zu biologistischen Weiblichkeitsvorstellungen liegt darin, daß Beck-Gernsheim und Ostner die von ihnen festgestellte Differenz auf der Entwicklungs- und Verhaltensebene zwischen Männern und Frauen nicht auf die Natur zurückführen, sondern ursächlich auf die Arbeitsteilung, die vermittelt über den Sozialisationsprozeß das Anderssein von Männern und Frauen hervorbringt. Sie erschaffen hierbei eine andere Ursprungshypothese, nämlich die, daß „Weiblichkeit" und „Männlichkeit" das Ergebnis von geschlechtsspezifischer Sozialisation sind. Bennholdt-Thomsen kritisiert am „weiblichen Arbeitsvermögen", daß der verwendete Sozialisationsbegriff den gleichen Stellenwert habe, der Genen in soziobiologischen Konzepten zugewiesen wird (dies. 1983, S. 210). Im Kern des Konzeptes wird vertreten, daß Frauen *anders sind* als Männer.

2.5 Das „weibliche Arbeitsvermögen" als ein differenztheoretisches Konzept

Aufgrund der Polarisierung Hausarbeit – Beruf mit entsprechenden Fähigkeitszuschreibungen und der Zuordnung des einen Geschlechts zur Hausarbeit, des anderen zum Beruf, wird eine entsprechende Polarisierung zwischen den Geschlechtern eröffnet. Dabei wird Weiblichkeit in einen Gegensatz zu Männlichkeit gesetzt. Wichtigste Perspektive des Konzepts vom „weiblichen Arbeitsvermögen" ist die Verschiedenheit vom männlichen Fähigkeits- und Dispositionspool, so daß die Differenz zum Mann den Fokus des Konzeptes bildet (s. Knapp 1988a, S. 8). Der Differenzbegriff entspricht hierbei dem von Barrett (1987) als „externe Differenz" beschriebenen: Zwischen den Geschlechtern wird ein Spannungsverhältnis beschrieben, und zwar bei Beck-Gernsheim/Ostner bestehend aus verschiedenen Lebenswelten, entsprechend unterschiedlichen Anforderungen und sich daraus ergebenden Erfahrungen. Damit wird im Kern der gleiche Geschlechterdualismus aufrecht erhalten, von dem sich Beck-Gernsheim und Ostner ursprünglich hatten abheben wollen (vgl. Knapp 1988, S. 8).

Die Autorinnen selbst haben das Konzept des „weiblichen Arbeitsvermögens" nicht als ein differenztheoretisches entwickelt, und Ostner will es so auch nicht verstanden wissen (Ostner 1990, S. 31; Ostner 1992, S. 108). Dennoch fällt es schwer, gerade auf dem Hintergrund der Debatte um »Gleichheit« oder

»Differenz« innerhalb der Frauenforschung, das „weibliche Arbeitsvermögen" nicht als ein differenztheoretisches Konzept aufzufassen[1]: Frauen und das „weibliche Arbeitsvermögen" werden zu Männern über Gegensätze in Beziehung gesetzt, so daß *Verschiedenheit* die wesentliche Perspektive bildet und auf diese Weise suggeriert, daß Frauen auch anders *sind* als Männer. Der Begriff des Arbeits*vermögens*, der eigentlich die Potentialität (Knapp 1987, S. 282) beinhaltet, wird im Konzept so ausgeführt, daß er eine Festschreibung darstellt.

Daran ändern weder die folgenden relativierenden Leseanleitungen aus der Zeit der Konzeptentwicklung etwas noch das spätere Eingehen Ostners auf die zahlreiche Kritik: Die Begriffe *männlich* und *weiblich* werden teilweise in Anführungszeichen gesetzt – und zwar dann, wenn es um die Distanzierung von geschlechtsspezifischen Festschreibungen geht, die auf der Annahme eines naturbedingten Unterschiedes beruhen (z.B. Beck-Gernsheim 1976, S. 51). Ferner bezeichnen Beck-Gernsheim und Ostner bereits 1979 die Darstellung, daß „hausarbeitsnahes" Arbeiten dem „weiblichen Arbeitsvermögen" entspricht, als „Vereinfachung" (Ostner/Beck-Gernsheim 1979, S. 48). Dennoch wird die generelle Zuweisung Hausarbeit – weiblich, Beruf – männlich aufrechterhalten, da Beck-Gernsheim und Ostner auf vielen Seiten erläutern, daß und weshalb Frauen mit Empathie, Intuition, divergentem Denken etc. ausgestattet sind. Diese angenommene Verschiedenheit bildet innerhalb des Konzeptes die Voraussetzung für die These, daß „Frau" und „Berufstätigkeit" nur schwer vereinbar sind. Gerade die anderen Dispositionen und Fähigkeiten von Frauen im Verhältnis zu Männern sollen ja ihre Benachteiligung am Arbeitsmarkt erklären.

Das folgende Zitat hätte eine Möglichkeit bieten können, den komplementär angelegten Arbeitsvermögen *keine* geschlechtsspezifische Zuweisung zu erteilen:

> „Es ist ohnehin schwierig, wenn nicht sogar falsch, von *dem weiblichen Arbeitsvermögen* zu sprechen. Jedes Arbeitsvermögen – jeder Mensch – verändert sich; bestimmte Qualitäten des Arbeitsvermögens werden im Laufe des Lebens aufgebraucht, modifiziert, oft aber auch erst spät durch bestimmte Erfahrungen oder erst in bestimmten Situationen, durch z.B. völlig neue Anforderungen etc. hervorgebracht.
> Aber ich glaube dennoch, daß 'dem weiblichen Arbeitsvermögen' eine Besonderheit zukommt, die ich hier 'Reproduktionsbezogenheit' nennen will." (Ostner 1978, S. 192)

Doch auch hier eröffnet Ostner trotz möglicher Unterschiede zwischen Frauen eine Gemeinsamkeit, die Frauen in Abgrenzung zu Männern teilen: Das Vorhandensein einer gemeinsamen weiblichen Kultur gilt als so einend, daß sie sich von der

---

[1] Wie in der Einleitung erwähnt, bezeichnet Wetterer das Konzept vom „weiblichen Arbeitsvermögen" als den „ ... in der deutschen Frauenforschung bislang wohl (folgenreichsten) Versuch zur Bestimmung der Differenz der Geschlechter ..." (Wetterer 1992, S. 16).

männlichen unterscheiden läßt. Auch wesentlich später, nach Aufnahme der zahlreichen Kritik, bleibt Ostner bei folgendem: Es gibt nicht das eine weibliche Arbeitsvermögen, sondern viele, aber: immer bleibt es das *weibliche* Arbeitsvermögen (z.B. dies. 1990 u. 1991).

Ostners spätere Erläuterungen (1990; 1991), Beruf und Hausarbeit als „Idealtypus" verwandt zu haben, halten die Differenz zwischen Männern und Frauen aufrecht: In Anlehnung an Max Webers Ausführungen zu idealtypischen Begriffsbildungen verweist sie darauf, daß ein Idealtypus einen „Nothafen" darstellt, empirische Phänomene zu strukturieren – mit dem Wissen, daß der beschriebene Idealtypus fiktiv sei (Ostner 1990, S. 27; dies. 1991, S. 195ff.). Nach wie vor geht sie dennoch von einer existierenden *Verschiedenheit zwischen Männern und Frauen* aus, wenn sie schreibt, daß „ ... der Zweck der idealtypischen Begriffsbildung wie der des 'weiblichen Arbeitsvermögens' ..." darin besteht, „ ... die Eigenart, daß Frauen *anders* (Hervorh. P.K.) arbeiten als Männer ...", hervorzuheben und zu verdeutlichen (Ostner 1991, S. 197).

Eine mögliche Differenz unter Frauen, die interne Differenz, erkennt Ostner bereits 1978 an (s.o.). Ihr kommt jedoch nur eine nachgeordnete Bedeutung zu. Innerhalb des „weiblichen Arbeitsvermögens" wird statt dessen eine gemeinsame weibliche Lebenswelt konstruiert: Allein die Zugehörigkeit zum weiblichen Geschlecht verweist auf gemeinsame Erfahrungen und eine gemeinsame weibliche Kultur – unabhängig etwa von der Schichtzugehörigkeit (vgl. Ostner 1978, S. 165). Klasse und Rasse/Ethnizität bleiben innerhalb des Konzeptes unberücksichtigt und sind somit der Geschlechtskategorie »Frau« nachgeordnet. Selbst als Ostner die Diskussionen über Differenzen unter Frauen (s.o.) später aufnimmt und Differenzierungen innerhalb von Frauenleben anerkennt, kommt sie zu dem Ergebnis einer „ ... weiteren Pluralisierung der Arbeitsvermögen, die dann aber immer noch weibliche sind" (Ostner 1991, S. 203).

2.6 Zwischenbilanz

Unbestreitbar konnte die These der Existenz eines „weiblichen Arbeitsvermögens" dazu genutzt werden, sogenannte weibliche Arbeitsformen aufzuwerten und positiv zu besetzen. Eine Auf*wertung* mag zunächst für das Selbstverständnis und Selbstwertgefühl von Frauen große Bedeutung gehabt haben, was sich daran erkennen läßt, daß das Konzept von Teilen der Frauenbewegung geradezu euphorisch aufgenommen worden ist. Sicher wurde man auf diese Weise zunächst dem Anliegen feministischer Forschung gerecht, der „Geschlechtsblindheit" herkömmlicher Wissenschaft etwas entgegenzusetzen.

Dennoch birgt dieses Konzept zahlreiche Gefahren: Zum einen – hier schließe ich mich der Kritik von Knapp an – ist es *reduktionistisch* (Knapp 1988a, S. 9; Knapp 1988b, S. 19), da beispielsweise die als „männlich" geltenden Eigenschaften im „weiblichen" Arbeitsvermögen nicht vorhanden sind und somit suggeriert wird, daß Frauen sie nicht besitzen bzw. nicht besitzen können. Zum zweiten kann man die Ausführungen von Ostner und Beck-Gernsheim als *positivistisch* (Knapp 1988a, S. 9) betrachten, da innerhalb des Konzeptes keine Widersprüche thematisiert werden und es so scheint, als würde das, was als „weiblich" gilt, konfliktfrei vom Subjekt angeeignet werden. Darüber hinaus werden spezifische Eigenschaften, Verhaltensweisen, Werte als „weiblich" tituliert, und ihr Vorhandensein wird Frauen unterstellt. Auf diese Weise werden Universalaussagen über „die Frau" gemacht, die dann nicht mehr als gedankliches Konstrukt und somit fiktiv erscheinen, sondern vielmehr wie eine Darstellung der Realität. „Begriffe wie »Weiblichkeit«, »Mütterlichkeit« und »weibliches Arbeitsvermögen« können ... immer nur *partikulare* Ausagen über Frauen enthalten; sie suggerieren aber Allgemeingültigkeit (»... alle Frauen sind ...«) und Notwendigkeit (»... jede Frau sollte ...«) bestimmter Eigenschaften."(Knapp 1988b, S. 23). Daß das Konzept vom „weiblichen Arbeitsvermögen" ursprünglich einen „Idealtypus" darstellen sollte, verschwindet hierbei im Hintergrund.

Zusammenfassend läßt sich festhalten, daß Ostner und Beck-Gernsheim – wohl ungewollt – mit ihren Aussagen eine inhaltliche Bestimmung der Begriffe *Frau* und *weiblich* vornehmen und Frauen somit festlegen, und zwar hinsichtlich ihrer Orientierungen, Dispositionen und Fähigkeiten. In ihren Aussagen unterstützen sie dabei traditionelle Weiblichkeitsvorstellungen, da sich die transportierten Inhalte nicht von denen herkömmlicher Weiblichkeitsstereotype unterscheiden, und schreiben sie fort. Sie konstruieren dabei eine Differenz zwischen den Geschlechtern, die statisch erscheint.

Allein die Abkehr von eindeutig identifizierbaren biologistischen Vorstellungen, die eine Wesenhaftigkeit von Weiblichkeit und Männlichkeit konstatieren, reicht also offenbar nicht aus, um den gleichen Stereotypenbildungen und Festschreibungen zu entgehen.

3 Die strukturelle Problematik geschlechtsspezifischer Forschung

Trifft der Vorwurf von Hagemann-White (1988) und anderen Wissenschaftlerinnen (s. Einleitung) dennoch zu, daß innerhalb der deutschen Theoriediskussion im allgemeinen und im Konzept des „weiblichen Arbeitsvermögens" im besonderen biologistisch argumentiert werde? Worauf kann er sich beziehen, wenn er gerechtfertigt sein sollte? Ich wiederhole einen Teil des bereits erwähnten Zitates:

> „Die Idee, daß wir es mit einem elementaren Gegensatz von *zwei grundverschieden gearteten Wesen* (Hervorhebung P.K.) zu tun haben, nimmt ihren vergeistigten Lauf durch die gesamten Beschreibungen der weiblichen Sozialisation, des weiblichen Arbeitsvermögens ..." (Hagemann-White 1988, S. 225).

Der Vorwurf des Biologismus betrifft also die Grundannahme, daß Männer und Frauen verschieden sind. Nachvollziehen läßt sich diese Hypothese anhand der Kritik, die Gildemeister und Wetterer und Hagemann-White hinsichtlich einer sex/gender-Konzeption äußern, wie sie im „weiblichen Arbeitsvermögen" Berücksichtigung findet: Wenn man *sex* als biologisches Geschlecht versteht, und *gender* als soziales oder kulturelles Geschlecht, bleibt die Annahme bestehen, „ ... daß es jenseits aller kulturellen Prägung eine Natur der Geschlechter gibt, die in allen Kulturen ... zum Ausdruck kommt ..." (Gildemeister/Wetterer 1992, S. 206). Hagemann-White kritisierte das bereits im Jahr 1988 und nannte Theorien zur geschlechtsspezifischen Sozialisation „biologistisch" (dies. 1988, S. 230): Bei einer Analyse anhand des Begriffspaares Natur/Kultur muß ihres Erachtens ein „ ... Teil der kulturellen Vorstellungen über maßgebliche Merkmale der Geschlechtszuordnung als 'Natur' ..." festgeschrieben werden, um davon „ ... die bloß anerzogenen Eigenschaften und Erwartungen ..." unterscheiden zu können (Hagemann-White 1988, S. 230). Diese Akzeptanz einer irgendwie gearteten Natur der Geschlechter nennen Gildemeister und Wetterer *verlagerten* Biologismus. *Latenten* Biologismus werfen sie der Gesamtkonstruktion sex/gender vor, wenn biologisches und soziales Geschlecht binär vorhanden sind und zudem dem biologischen Geschlecht „weiblich" das soziale Geschlecht „weiblich" zugeordnet wird (vgl. dies., S. 207).

Die Problematik, Zuschreibungen und Stereotype über die Geschlechter aufrechtzuhalten, teilt das Konzept des „weiblichen Arbeitsvermögens" mit zahlreichen anderen Ansätzen. Der an diese Ansätze gerichtete Vorwurf einiger Wissenschaftlerinnen (vgl. Hagemann-White 1984; dies. 1988; s. auch Butler 1991) besteht darin, daß das Insistieren auf einer naturbedingten Differenz zwischen Männern und Frauen, nun positiv gewendet, die ungleichen Machtverhältnisse weitertransportiert. Ein anderer Vorwurf, der damit zusammenzuhängen scheint, betrifft das Festhalten an einer polaren Auslegung der Begriffe männlich – weiblich (s. z.B. Knapp 1988a). Im weiteren Verlauf der Arbeit wird zu klären sein, inwiefern die Grundannahme einer fundamentalen Geschlechterdifferenz mit den Geschlechterstereotypen von „Männlichkeit" und „Weiblichkeit" korrelieren muß. Knapp meint, daß Weiblichkeit als Begriff nur „ ... in Beziehung zu" (Knapp 1989, S. 279) etwas anderem existiert: „ ... sie bestimmt sich aus dem Geschlechter*verhältnis* heraus und ist Ausdruck der kulturellen Verarbeitungsform des biologischen Dimorphismus" (ebd.).

Zunächst soll es jedoch um die Grundannahme der Geschlechterdifferenz gehen: Ansätze, die die Geschlechterdifferenz erklären sollen, beinhalten in bezug auf »Geschlecht« demnach etwas, das ich als strukturelle Falle bezeichnen möchte: Diese besteht in der meist beibehaltenen Grundannahme, daß eine „natürliche" Differenz zwischen Frauen und Männern existiert.

Die strukturelle Falle läßt sich folgendermaßen beschreiben: Wenn man beispielsweise geschlechtsspezifische Sozialisation erforschen möchte und hierbei nach den „Entstehungsbedingungen des Andersseins von Frauen" (s. Bilden 1980, S. 778) sucht, geht man von einer grundlegenden Differenz zwischen Männern und Frauen aus, und die Fragestellung lenkt den Blick auf differierende Entwicklungen. In der Regel wird die Differenz zwischen den Geschlechtern an etwas festgemacht, das als „geschlechtstypisch" gilt; was als typisch gilt, muß jedoch erst einmal als solches bezeichnet werden, und das wird es zumeist anhand unseres Alltagsverständnisses über die Geschlechter. In der Neufassung des Artikels zu geschlechtsspezifischer Sozialisation verweist Bilden auf eben die Problematik, daß die Frage nach Geschlechts*spezifischem* dazu führt, „ ... nach geschlechtsdifferenzierenden 'typischen' Sozialisationsbedingungen und nach Geschlechtsunterschieden im Verhalten, Denken, Fühlen zu fragen" (Bilden 1991, S. 279). Das bedeutet in der Konsequenz, einen geschlechtsspezifischen Sozialcharakter zu konstruieren (a.a.O.). Hierbei würden die polarisierenden Vorstellungen von Männlichkeit und Weiblichkeit aufrechterhalten.

Wenn man statt dessen die Grundannahme der Verschiedenheit von Männern und Frauen hinterfragt und genauer untersucht, aufgrund welcher Differenzierungspraxis Männer und Frauen unterschieden werden, kann man zu verblüffenden Ansichten darüber gelangen, was Frauen und was Männer „sind" und was sie ausmacht. Das jedenfalls wird durch die Auseinandersetzung um die Kategorie Geschlecht von denjenigen Theoretikerinnen forciert, die eine naturbedingte Zweigeschlechtlichkeit bezweifeln. Im folgenden soll es darum gehen, sich von unterschiedlichen Ansätzen her der Frage zu nähern, was die Kategorie Geschlecht sein könnte, wozu und wem sie nützt. Warnend sei hinzugefügt, daß es sich um ein

Gedankenspiel handelt, das an unserem Alltagsverständnis von Geschlecht rüttelt. Es soll zunächst um andere Sichtweisen auf „das Geschlecht" gehen, mögliche alternative Formen des Denkens über die Geschlechter. Was daran sinnvoll und nützlich, was verwendbar für wissenschaftliche Fragestellungen sein kann, soll erst im Anschluß behandelt werden.

4 Mögliche Sichtweisen auf die Kategorie Geschlecht

Die Frage danach, was eigentlich konkret Frauen und Männer ausmacht, mag vielleicht Irritation oder Schmunzeln auslösen, weil als selbstverständlich gilt, daß es Männer und Frauen gibt; dennoch halte ich sie nicht nur für zulässig, sondern sogar für unerläßlich, gerade weil sie in der Regel nicht gestellt wird:

> „In der Alltagstheorie der Zweigeschlechtlichkeit unserer Kultur wird die Geschlechtszugehörigkeit als *eindeutig, naturhaft* und *unveränderbar* verstanden. Ohne jede bewußte Überlegung wird davon ausgegangen, daß jeder Mensch entweder weiblich oder männlich sein müsse, was im Umgang erkennbar zu sein hat (Eindeutigkeit); daß die Geschlechtszugehörigkeit körperlich begründet sein müsse (Naturhaftigkeit); und daß sie angeboren ist und sich nicht ändern könne (Unveränderbarkeit)." (Hagemann-White 1988, S. 228)

Die Existenz von zwei Geschlechtern – und eben nur diesen beiden – gilt als eine „Naturtatsache" (Hagemann-White 1984, S. 78) bzw. als „Bestandteil von Natur" (Gildemeister/Wetterer 1992, S. 201).

4.1 „Geschlecht" als biologische Kategorie

Doch die biologische Einteilung nach dem Geschlecht, die als naturhaft und unveränderbar gilt, ist nicht so eindeutig, wie normalerweise vorausgesetzt wird: Zu diesem Ergebnis kommt Hagemann-White, die den körperlichen Unterscheidungsmerkmalen der Geschlechter nachgeht (dies. 1984, S. 32ff.)[1]. Zwar erkennt sie an, daß der überwiegende Teil der Menschen körperliche Merkmale aufweist, die zu einem der beiden, bei uns anerkannten Geschlechter passen, und daß diese nachgewiesen werden können: Damit meint sie die Existenz *bestimmter* Chromosomen (XX für weiblich oder XY für männlich), eines *entsprechenden* Keimdrüsengeschlechts, *bestimmter* innerer und äußerer Geschlechtsorgane und *männlicher* bzw. *weiblicher* Hormone. Es gibt jedoch auch zahlreiche Abweichungen (z.B. beim Chromosomengeschlecht), und gerade das morphologische Geschlecht (innere und äußere Geschlechtsorgane bzw. -merkmale und typischer Körperbau) entspricht relativ häufig nicht dem Chromosomengeschlecht. Auch wenn Hagemann-White hier keine Zahlen vorlegt und sie die Regeln biologischer Geschlechtseinteilung über Ausnahmen außer Kraft setzen will, halte ich ihre Aussagen für

---

[1] Vgl. dazu auch die „abschließende, unwissenschaftliche Nachschrift" von Butler (dies. 1991, S. 159 ff.).

bedenkenswert, die sie auf das folgende Ergebnis zuspitzt: „Eine streng biologische und zugleich eindeutige Geschlechtsdefinition existiert nicht." (Hagemann-White 1984, S. 34). Auch Lorber und Farrell fassen die Ergebnisse aus Biologie und Endokrinologie so zusammen, daß das biologische Geschlecht nicht mehr verstanden werden kann als zwei entgegengesetzte, sich jeweils ausschließende Kategorien: „*Sex* is understood more as a *continuum* (Hervorh. P.K.) made up of chromosomal sex, gonadal sex, and hormonal sex." (Lorber/Farrell 1991, S. 7)

Interessant sind in diesem Zusammenhang ebenfalls Forschungsergebnisse von Margaret Mead (1958/1979), die sich auf das morphologische Geschlecht beziehen; diese Ergebnisse relativieren die Unterscheidbarkeit von Männern und Frauen anhand ihrer Körper:

> „In jeder menschlichen Gruppe ist es möglich, Männer und Frauen auf einer Skala so anzuordnen, daß zwischen einer sehr maskulinen und einer sehr femininen Gruppe sich andere einschieben, die in die Mitte zu gehören scheinen, weil sie weniger von den ausgesprochenen Merkmalen zeigen, die für das eine oder andere Geschlecht kennzeichnend sind. Dem ist so, ob wir uns auf sekundäre Geschlechtsmerkmale beschränken wie Form der Schambehaarung, Bart, Fettschichten usw. oder primäre betrachten wie Brüste, Beckenbreite, Hüft-Proportionen usw. Diese Stufung der Unterschiede wird noch auffälliger, wenn man Tatsachen wie Haut-Empfindlichkeit, Stimmlage oder die Modulation der Bewegungen betrachtet." (Mead 1979, S. 102 ff.)

Auch im interkulturellen Vergleich gerät die These einer eindeutigen zweigeschlechtlichen Klassifikation im Hinblick auf das körperliche Erscheinungsbild ins Wanken, folgt man Meads anthropologischen Studien: „Beinahe jeder männliche *Balinese* würde, in eine Reihe mit West-Europäern gestellt, >feminin< aussehen. ... beinahe jede *balinesische* Frau würde >knabenhaft< aussehen, wenn man sie in eine Gruppe west-europäischer Frauen stellte." (Mead 1979, S. 105)

Tyrell spricht in diesem Zusammenhang von der „'Unwahrscheinlichkeit' eines streng zweigeschlechtlichen Klassifikationssystems" (Tyrell 1986, S. 456) und davon, daß man eher von der „Etablierung einer gemischten Gruppe (d.h.: in bezug auf Frauen und Männer, P.K.) in der Mitte" ausgehen sollte (ders. 1986, S. 457).

Die These einer eindeutigen biologischen Kategorisierungsmöglichkeit ist zudem schwer haltbar, wenn man beispielsweise den Begriff der Gebärfähigkeit als zentrales Unterscheidungsmerkmal von Männern und Frauen betrachtet: Nicht alle Frauen können Kinder bekommen, vor allem ist diese biologische Funktion eine zeitlich begrenzte. Mädchen werden also aufgrund der unterstellten potentiellen Gebärfähigkeit als weiblich kategorisiert, obwohl sie vor dem Reifungsprozeß dazu nicht in der Lage sind. Frauen, die aus medizinischen Gründen keine Kinder zur

Welt bringen können, und Frauen nach der Menopause[1] sind ebenfalls nicht bzw. nicht mehr gebärfähig. Das heißt: Gebärfähigkeit kann als aktuelles und eindeutiges biologisches Unterscheidungsmerkmal keinen Bestand haben, um Männer und Frauen voneinander unterscheiden zu können. Statt dessen läßt sich an diesem Beispiel verdeutlichen, daß eine bestimmte biologische Funktion *angenommen* wird, um männliche und weibliche Wesen im alltäglichen Umgang voneinander zu unterscheiden. „Nicht ihre Realisierung, sondern die Vermutung ihrer Möglichkeit ist mit der Geschlechtszugehörigkeit verknüpft." (Hagemann-White 1988, S. 229). Wichtig scheint also gar nicht die biologische Funktion an sich zu sein, sondern vielmehr, daß geglaubt werden kann, daß jemand eine spezifische biologische Ausstattung besitzt, weil dieser biologischen Ausstattung eine fundamentale Bedeutung zugesprochen wird. Das verweist darauf, daß Wahrnehmung und Zuschreibung beim Prozeß der Geschlechtskategorisierung eine wichtige Rolle spielen. Verdeutlichen läßt sich das an Überlegungen zur sozialen Konstruktion von Geschlechtlichkeit, die im Anschluß an ethnomethodologische Untersuchungen entstanden sind.

4.2 „Geschlecht" im Anschluß an eine ethnomethodologische Sichtweise

Das oben erwähnte Zitat von Hagemann-White weist darauf hin, daß wir von der Existenz zweier Geschlechter in unserer Gesellschaft ausgehen. Wir teilen somit eine Vorannahme, über die wir uns offenbar einig sind; sie bildet die Basis unserer sozialen Interaktion:

„»Frau«, »Mann«, »weiblich«, »männlich« werden als Symbole in der sozialen Interaktion erworben und sind darin zugleich Voraussetzung der Teilnahme an Kommunikationen." (Gildemeister 1992, S. 230)

In unserem Alltag erscheinen uns Menschen entweder als Jungen *oder* Mädchen bzw. als Männer *oder* Frauen. Wenn man nun die These vertritt, daß keine eindeutige biologische Kategorisierung möglich ist, stellt sich daran anschließend die Frage: Auf welchem Weg unterscheiden wir statt dessen Männer und Frauen voneinander?

In Anlehnung an Goffman (1977) und Untersuchungen von Kessler und McKenna (1978) kann man „das Geschlecht" zunächst als Ergebnis einer Zuschreibung betrachten, mit der immer wieder eine soziale Realität hergestellt wird (vgl. dazu

---

[1] Wenn man Menstruation als Zeichen nähme, das auf Gebärfähigkeit hindeutet, ist der Begriff Meno*pause* ein irreführender: Er suggeriert eine Unterbrechung der Menstruation, wo doch vielmehr ein Versiegen gemeint ist.

Hagemann-White 1984; Hirschauer 1989; Gildemeister 1992; Gildemeister/ Wetterer 1992). Dabei ist der Zuschreibungsprozeß abhängig von dem, *was* wir als InteraktionsteilnehmerInnen wahrnehmen, und *wie* wir das Wahrgenommene bewerten. Diese Zuschreibungspraxis läßt sich anhand zweier Beispiele verdeutlichen, die zeigen, daß das, was man landläufig als naturgegebenes eindeutiges Geschlecht betrachtet, als konstruiert aufgefaßt werden kann. Als Beispiele dienen die Geschlechtsklassifikation nach der Geburt und Erfahrungen Transsexueller.

Normalerweise ist das anatomische Geschlecht eines Kindes etwas, das sofort beachtet und mit Aufmerksamkeit bedacht wird – meist schon im Vorfeld der Geburt per Ultraschall, spätestens jedoch unmittelbar nach der Geburt. Theoretisch gäbe es die Möglichkeit, Neugeborene nach einer Reihe von Merkmalen zu unterscheiden, wie beispielsweise ihrer Größe oder ihrem Gewicht, möglicherweise auch, wie sich die Form ihrer Ohrläppchen gestaltet (vgl. Butler 1991b, S. 66). Ob das Geburtsgewicht eines Säuglings z.B. 2500 Gramm beträgt oder 4500 Gramm könnte ja mit Überlegungen verbunden sein, die sich auf die soziale Entwicklung des Kindes beziehen: Man könnte vermuten, daß es, so es sich um ein „dickes" Kind handelt, von anderen Kindern und Erwachsenen gehänselt wird, sofern ein Schlankheitsideal angestrebt wird; daß dieses Kind somit andere Erfahrungen in seiner Umwelt machen wird als ein schmales, vielleicht auch kleines Kind.

Doch anstelle von Gewicht oder Größe gilt als entscheidendes Merkmal der anatomische Unterschied von Genitalien, da gerade diesen Genitalien eine spezifische Bedeutung zugeschrieben wird. Sie sind mit einem geschlechtlichen Sinn besetzt und somit Träger kultureller Werte, sind „kulturelles Objekt" (vgl. Hirschauer 1989, S. 101)[1]. Auf diesen Genitalien als kulturellem Objekt baut die Überzeugung auf, „ ... daß diese in irgendeiner Weise das gesellschaftliche Schicksal des Kindes bestimmen ..." (Butler 1991b, S. 66). – Es geht hier nicht darum, den genitalen Unterschied zwischen den Geschlechtern nicht anzuerkennen; vielmehr soll verdeutlicht werden, daß vorab eine kulturelle Übereinkunft darüber bestehen muß, *was* als Unterscheidungskriterium gilt. Das Genital wird hierbei als Kriterium für *den* anatomischen Unterschied gesetzt, und es wird ein Bewußtsein von Mädchen- oder Junge-*Sein* damit transportiert, verbunden mit der Überzeugung, daß mit dieser Klassifikation bestimmte soziale Entwicklungen einhergehen müßten.

---

[1] Beim Klassifikationsprozeß vor bzw. direkt nach der Geburt sind die Genitalien als „Geschlechtsinsignien" kulturelles Objekt; Hirschauer verweist darauf, daß auch Darstellungselemente (wie Kleidung, Gestik) und Personen kulturelle Objekte sind (Hirschauer 1989, S. 101).

> „In all societies, initial sex-class placement stands at the beginning of a sustained sorting process whereby members of the two classes are subject to differential socialization." (Goffman 1977, S. 303)

Aufgrund dieser kulturell gesetzten Unterscheidungspraxis kann man das Geschlecht als „sozial konstruiert" auffassen, weil die Genitalien als Zeichen für Geschlechtszugehörigkeit nicht aus sich heraus bedeutend sind, sondern erst innerhalb unserer sozialen Wirklichkeit.

Eine weitere Dimension der sozialen Konstruktion von Geschlecht wird deutlich, wenn man nicht nur die eben erwähnte *Zuschreibungs*praxis einbezieht, sondern den Blick auch auf die *Darstellung* von Geschlechtlichkeit wirft. Hierzu eignen sich insbesondere Erfahrungen Transsexueller, die ganz bewußt das Geschlecht leben wollen, daß sie ursprünglich von ihrer Anatomie her nicht sind oder waren. Transsexuelle rütteln dabei an allen drei Grundannahmen des Alltagswissen zur Zweigeschlechtlichkeit (s.o.): an der *natürlichen* Geschlechtszugehörigkeit, weil sie in der Regel das Gefühl haben, im „falschen Körper" geboren zu sein; an der *Unveränderbarkeit* des Geschlechts, weil sie einen Geschlechtswechsel vornehmen, indem sie „das andere Geschlecht leben" hinsichtlich Verhalten, Vorlieben, Regeln[1] und sich oftmals operieren lassen, um den Körper anzugleichen; an der *Eindeutigkeit*, weil sie oft – insbesondere in der Anfangsphase des Geschlechtswechsels – von anderen nicht eindeutig als Mann oder Frau eingeordnet werden können.

Die soziale Konstruktion des Geschlechts kann man als das Ergebnis eines interaktiven Prozesses verstehen. In diesem interaktiven Prozeß, der in die Aktion des Darstellens und die des Zuschreibens zerfällt, wird das Geschlecht „Mann" bzw. „Frau" hergestellt. Untersuchungen von Kessler und McKenna, die bereits im Jahr 1978 danach geforscht haben, wie wir im Alltag „Geschlechtlichkeit" produzieren, haben folgendes ergeben: Für die Zuordnung zu einem Geschlecht ist allein das Attribut „Penis" ausschlaggebend; Menschen, die einen besitzen, gelten als männlich, bei Fehlen desselben erhält man das Attribut weiblich[2].

Interessanterweise ist das, was als entscheidend für die soziale Einordnung gilt, in Interaktionssituationen äußerst selten sichtbar und kann somit nur vermutet werden. In Alltagssituationen nehmen wir statt dessen andere seh- und hörbare Signale wahr (wie beispielsweise Stimmlage, Kleidung), die wir bewerten, einord-

---

[1] Das entspricht dem Begriff des *doing gender*, auf den dezidiert im Kapitel 5.1 eingegangen wird.

[2] Das Ergebnis ihrer Untersuchung fassen Kessler und McKenna folgendermaßen zusammen: „Gender attribution is, for the most part, genital attribution; and genital attribution is essentially penis attribution." (Kessler/McKenna 1978, S. 153)

nen und von denen wir Rückschlüsse auf das Geschlecht ziehen. An Erfahrungen mit Transsexuellen hat Hirschauer feststellen können, daß es

> „... vermutlich weder eine feste Hierarchie von Geschlechtsmerkmalen (gibt) noch einen durchgängigen Primat von 'körperlichen' Zeichen. (...) Es scheinen nicht einzelne Indizien, sondern der variable *Zusammenhang* von Darstellungselementen für Geschlechtsattributionen wichtig." (Hirschauer 1989, S. 108)

Es sind die Betrachtenden, „ ... die sich ihre Geschlechtsmerkmale suchen" (ders. 1989, S. 109) und bestimmte Dinge, die sie wahrnehmen, als Indiz für die Geschlechtszugehörigkeit auswählen. Anfang und Ende des Erkennungsprozesses sind hierbei nicht mehr voneinander zu unterscheiden, sondern stehen in zirkulärem Verhältnis zueinander:

> „Betrachter 'wissen' schon, daß jemand eine Frau oder ein Mann ist, bevor sie 'Geschlechtsmerkmale' identifizieren können, die ihre Zuschreibung begründen. Eine Geschlechtszugehörigkeit wird aus Indizien konstruiert, die nur auf dem *Hintergrund* einer bereits identifizierten Geschlechtszugehörigkeit als 'Indizien' erscheinen." (ders. 1989, S. 108)

Dieser Konstruktionsprozeß wird dann deutlich, wenn die Indizien nicht zusammenzupassen scheinen, sie sich in der Interaktion nicht als eindeutig herausstellen und wir als Betrachter/Betrachterin irritiert sind.[1]

Auf der einen Seite ist demnach der genannte Akt des Zuschreibens von Bedeutung, der auf der anderen Seite auch dargestellt werden muß. Hier kann man ebenfalls Erfahrungen Transsexueller zu Hilfe nehmen: Da es ihnen wichtig ist, als das Geschlecht identifiziert zu werden, das sie von ihrer anatomischen Ausstattung her ursprünglich *nicht* besitzen, sind sie bemüht, das gewünschte Geschlecht darzustellen (vgl. Kessler/McKenna 1978, S. 114). Der Körper wird dabei als *Objekt*, als Darstellungs*material* benutzt, mit dessen Hilfe sie ein Geschlechtsbild entwerfen können. Transsexuellen muß es gelingen, von anderen als das Geschlecht wahrgenommen zu werden, welches sie (entgegen ihrer anatomischen Ausstattung) ihrer Selbstwahrnehmung nach sind. Hirschauer beschreibt diesen Vorgang folgendermaßen:

> „Ein 'Mann' ist ein legitimer Darsteller von Männer-Bildern, genauer: ein durch kompetente Darstellung (in den Augen eines Betrachters) legitimierter und zur Kontinuierung verpflichteter Darsteller eines Männer-Bildes." (Hirschauer 1989, S. 113)

---

[1] Wenn ich ein klassisches Stereotyp bemühe, kann Irritation auftreten, wenn jemand eine sehr tiefe Stimme hat, große Hände und Füße, stark behaarte, muskulöse Beine - und dabei geschminkt ist, einen Minirock und Schmuck trägt.

Darstellen und Zuschreiben bilden somit ein System und bedingen sich gegenseitig. Zugrunde liegt diesem System die Annahme, daß zwei und nur zwei Geschlechter existieren (Hagemann-White 1984; Tyrell 1986), und der Zwang, eindeutig einem der beiden Geschlechter anzugehören. Aufgrund dieser Prämisse befinden sich Darsteller/-in und Zuschreiber/-in in einem fundamentalen Abhängigkeitsverhältnis: Es ist notwendig, dem dargestellten Geschlecht entsprechend erkannt zu werden, das mit Hilfe des Körpers und kultureller Objekte (wie Kleidung, Frisur) hervorgebracht wird. Genauso bedeutend ist es, andere „richtig" zu klassifizieren. Jemandem eine „falsche" Geschlechtszugehörigkeit zuzuschreiben, gilt als „peinlich", gerade da wir in der Überzeugung leben, daß Geschlechtszugehörigkeit offensichtlich ist.

Die dichotome Geschlechtsklassifikation ist so tief in uns verankert, daß ein „außerhalb" der Klassifikation zwar denkbar, im sozialen Miteinander jedoch nicht lebbar ist:

> „Die sozialen Zwänge auf die Geschlechtsrollenunterwerfung und -abweichung sind so stark, daß die meisten Menschen sich tief verletzt fühlen, wenn man ihnen sagt, daß sie sich nicht ihrer Männlichkeit oder Weiblichkeit entsprechend verhalten." (Butler 1991b, S. 61)

„Geschlecht" gilt als identitätsstiftend und gehört normalerweise zum Selbstverständnis der eigenen Person (nicht ohne Grund gibt es den Begriff der *geschlechtlichen Identität*). Auf diese Weise produzieren wir eine soziale Realität des Entweder-Oder, des „männlich" *oder* „weiblich", die orientiert ist an unseren Bildern und Vorstellungen, die wir über „Männlichkeit" und „Weiblichkeit" haben. Spannend daran ist, daß der Herstellungsprozeß dabei nicht bewußt abläuft (außer bei Transsexuellen). Aufgrund der gegenseitigen Abhängigkeit voneinander und wohl auch, weil Geschlechtlichkeit meist vom eigenen Selbst als untrennbar erlebt wird, bleibt er verdeckt.

> „Die interaktive Konstruktion von Geschlechtszugehörigkeit ist ein gegenseitiges Entgegenkommen und auch eine dichte Kollaboration in der *Unkenntlichmachung* eines Konstruktionsprozesses." (Hirschauer 1989, S. 114)

Somit verschwindet das Prozeßhafte, und das „Geschlecht" erscheint als das immer schon Gewesene, als Ursprung sozialer Prozesse und nicht als deren Ergebnis.

4.2.1 Zwischenzusammenfassung

Wer als männlich und wer als weiblich gilt, wird also zunächst über die Geschlechtsklassifikation festgelegt, die in den meisten Kulturen binär angelegt ist[1]. Im weiteren Verlauf muß diese Geschlechtlichkeit angeeignet werden (Gildemeister 1988, S. 497), sie wird sowohl dargestellt (bei Säuglingen wohl noch nicht) als auch zugeschrieben. Bei dieser binären Klassifikation handelt es sich um eine Differenzierung (vgl. Tyrell 1986, S. 469), die nur im Aufeinanderbezogensein Sinn macht. Das heißt: Wer „männlich" ist, ist automatisch nicht „weiblich" und umgekehrt. Die Zugehörigkeit zu einem der beiden Geschlechter schafft sowohl eine Differenz als auch eine Gleichheit: Eine Gleichheit unter denjenigen, die die eine Geschlechtszugehörigkeit teilen, eine Differenz zu denen, die die andere Geschlechtszugehörigkeit besitzen, und zwar aufgrund ihrer jeweiligen leiblichen Ausstattung (vgl. Tyrell 1986, S. 470; Gildemeister 1988, S. 496). Das vorhandene oder vermutete Genital (in den meisten Fällen Vagina oder Penis – im Gegensatz dazu: Hermaphroditen) gilt als das Objekt, das über die Geschlechtsklassifikation entscheidet. Die Entscheidung darüber, was als Unterscheidungskriterium gilt, ist eine kulturell getroffene; insofern kann man zu dem Schluß kommen, daß auch Zweigeschlechtlichkeit selbst ein kulturelles Produkt ist.

Aus diesen Ausführungen läßt sich folgender Schluß ziehen: Die Unterscheidung zwischen Männern und Frauen gründet sich auf ein kulturell geprägtes Vorwissen, daß zwei Geschlechter existieren; sie wird bestätigt durch die Überzeugung, daß es „binär gestaltete Körperdifferenzen" und einen differenten Habitus (Bourdieu) gibt. Dieses Vorwissen strukturiert unsere Wahrnehmung und führt dazu, daß wir immer wieder zwei Geschlechter darstellen und unterscheiden. Ist diese Unterscheidung erst einmal als eine bedeutende im Kollektivbewußtsein verankert, ist es nicht mehr möglich, ihr gegenüber indifferent zu sein (Tyrell 1986, S. 464). Auf diese Weise werden Geschlechter als verschieden angesehen und identifiziert: „Die binäre Klassifikation ist der kategoriale Rahmen alltagsweltlichen Denkens ..." (Gildemeister 1988, S. 496).

---

[1] Als Ausnahme wird auf den „berdache" in nordamerikanischen Indianerkulturen verwiesen: Hierbei handelt es sich um „biologische" Männer, die das soziale Geschlecht „Weiblichkeit" leben, ohne einen körperlichen Geschlechtswechsel vorzunehmen (vgl. Kessler/McKenna 1978, S. 24 ff.; außerdem Tyrell 1986, S. 472 im Anschluß an Kessler/McKenna; vgl. auch Gerson 1993, S. 123).

4.2.2 Auswirkungen der Geschlechtsklassifikation: Zweigeschlechtlichkeit und ihr Verhältnis zu bipolaren Geschlechtstypisierungen

Die Geschlechtsklassifikation ist deshalb so bedeutend, weil wir normalerweise davon ausgehen, daß mit ihr bestimmte Entwicklungen einhergehen. Wenn von „Mann" und „Frau" gesprochen wird, handelt es sich um *„ein oppositionelles, wechselseitig exklusiv aufeinander verweisendes Kategorienpaar"* (Tyrell 1986, S. 465; Hervorh. im Orig.), ähnlich Oppositionspaaren wie Subjekt/Objekt, hell/dunkel etc. Analog zu diesem Kategorienpaar existieren die entsprechenden Kategorisierungen von „Männlichkeit" und „Weiblichkeit", die im wesentlichen Vorstellungen über Kompetenz, Aktivität und Emotionalität enthalten (Alfermann 1992, S. 304). Sie bilden den Maßstab, an dem sich die Geschlechter „Mann" und „Frau" bemessen und an dem sie bemessen werden.

Der Sinn von Kategorisierungen besteht darin, Strukturen zu schaffen; sie gelten als Ordnungselemente, um die Welt erfassen und verstehen zu können. Kategorisierungsprozessen scheint jedoch innezuwohnen, daß Unterschiede *innerhalb* von Kategorien unterschätzt, die *zwischen* Kategorien dagegen überschätzt werden (Alfermann 1992, S. 303). Dabei kommt es zu folgendem Phänomen: „Menschen innerhalb einer Kategorie werden ... als ähnlich, Menschen verschiedener Kategorien als unähnlich angesehen." (Ebd.) Auf die Kategorie Geschlecht bezogen bedeutet das, daß „Frauen" als ähnlich wahrgenommen werden, *einfach weil sie dieser Kategorie angehören* – entsprechendes geschieht bei Männern. Auf diesem Weg kommt es zur Ausbildung von Typisierungen, mit deren Hilfe wir ebenfalls unsere Alltagswelt strukturieren (Berger/Luckmann 1966/1980). Im Falle der Typisierungen von „Männlichkeit" und „Weiblichkeit" handelt es sich, analog zum Oppositionspaar Mann/Frau, um bipolar angelegte. Auch hierbei gilt: Was unter „weiblich" verstanden wird, ist das, was *nicht* „männlich" ist.

In dem bereits zitierten Artikel zur Attributionsforschung verdeutlicht Alfermann, daß die Kategorisierung von Menschen (z.B. nach Geschlecht oder Rasse) die Grundlage für die Ausbildung von Stereotypen bildet. Gleichzeitig mit der Unterscheidung werden Eigenschaften zugeschrieben, die ihrerseits aus Annahmen und Überzeugungen über die Menschen der jeweiligen Kategorie (dies. 1992, S. 305) bestehen. In der Stereotypenforschung hat man sich damit auseinandergesetzt, welche „motivationale Funktion" (dies. 1992, S. 303) sich hinter Stereotypen verbirgt: Sie weisen die Tendenz auf, der eigenen Kategorie mehr Wichtigkeit beizumessen, was dazu führt, „ ... daß dominante Gruppen in einer Kultur (und auch interkulturell, Anm. P.K.) auch das positivere Stereotyp haben, weil sie die ingroup darstellen" (Alfermann 1992, S. 303). Zudem führen sie dazu, „ ... die bestehende gesellschaftliche Rang- und Wertordnung zu rechtfertigen und zu perpetuieren" (ebd.). Bezogen auf die Kategorisierung nach Geschlecht weist

Harding darauf hin, daß diese Ausdruck von Macht und Herrschaft ist, und daß „... die Frauen und Männern zugeschriebenen unterschiedlichen Wesensarten und Weltbilder ursprünglich vermutlich als ein ideologisches Konstrukt der Beherrscher (auftreten) ..." (dies. 1991, S. 181).

4.2.3 „Geschlecht" aus einer ethnomethodologischen Sicht im Vergleich zu einer biologischen Perspektive

Das Geschlecht in Anschluß an Goffmann (1977) und Kessler und McKenna (1978) als sozial konstruiert und vor allem in der Interaktion hergestellt aufzufassen, bietet folgende neue Sichtweise: Die Unterscheidung der Geschlechter aufgrund von Genitalien ist dieser Ansicht nach keine natürliche, weil die Entscheidung, eben diese Genitalien als Anzeichen zu nehmen, kulturell getroffen ist. Wir wachsen in ein zweigeschlechtliches System hinein (schon allein aufgrund der Geburtsklassifikation), das Differenzierungen zwischen den Geschlechtern vornimmt – sowohl in bezug auf Äußerliches als auch auf geschlechtsspezifische „Repertoires", die „typische" Eigenschaften und „gehöriges" Verhalten beinhalten (Hirschauer 1989, S. 104). Der Zwang einer eindeutigen Geschlechtszugehörigkeit ist derart selbstverständlich, daß alle Gesellschaftsmitglieder die Geschlechterdifferenz mittragen, produzieren und reproduzieren, ohne bewußt darüber nachzudenken.

Bei einem derartigen Verständnis von Geschlecht kommt „Mann" und „Frau" nichts Wesenhaftes zu; die geschlechtsspezifische Differenz wird vielmehr dadurch in Interaktionsprozessen hergestellt, daß sich die Individuen verhalten und handeln. Auf diese Weise bildet sich die Geschlechtlichkeit (worunter ich die gerade erwähnten geschlechtsspezifischen Repertoires verstehe) heraus: Das Geschlecht als Träger von Geschlechtlichkeit wird hergestellt durch die Aneignung eines symbolischen Systems. Allerdings erscheint mir der Rahmen dabei relativ fest vorgegeben, und zwar durch unsere kollektiven Vorstellungen über Mann-Sein und damit „Männlichkeit" und analog dazu Frau-Sein und „Weiblichkeit". Diese Bilder begrenzen das Feld der Handlungs- und Darstellungsweisen des Geschlechts einerseits, der Wahrnehmung und Interpretation andererseits.

Was läßt sich nun mit einem derartigen sozialkonstruktivistischen Verständnis erreichen? Zum einen eine konsequente Absage an eine wesenhaft bedingte Geschlechtlichkeit. Ob man dabei nun wirklich so weit entfernt ist von Konzepten wie dem „weiblichen Arbeitsvermögen", sei vorerst dahingestellt. Viel interessanter erscheint doch zunächst, daß „Männlichkeit" und „Weiblichkeit" als existent beschrieben werden: Aufgrund der Betonung der eigenen Darstellung von

Geschlechtlichkeit und der notwendigen Aneignung des symbolischen Systems müssen sich Männer und Frauen als jeweils *andere* darstellen und erkennen. Das bedeutet, daß sie gemäß der Konstrukte „Männlichkeit" und „Weiblichkeit" leben, sich somit different verhalten, verschiedene Werte haben und andere Prioritäten. Diese Perspektive hat Konsequenzen für die Konzeption der Entstehungsbedingungen von „Männlichkeit" und „Weiblichkeit", nicht jedoch für die Inhalte. Die bisher geschilderte Perspektive behält die bipolaren Ausrichtungen der Begriffe männlich – weiblich bei. Können aus ihr heraus Konzepte, die ein „weibliches Arbeitsvermögen" oder eine „weibliche Moral" konstatieren, ernsthaft in Frage gestellt werden? Kann man denn die Grundannahme „Frauen und Männer sind verschieden" ernsthaft anzweifeln, wenn „Männlichkeit" und „Weiblichkeit" als Ausdruck des jeweiligen Geschlechtes weiterhin aufrechterhalten bleiben?

Dieser Perspektive fehlt weitgehend Veränderungspotential: In erster Linie wird beschrieben, *wie* die Geschlechter bzw. das Geschlechterverhältnis entstehen. Zusammengefaßt beschreibt dieser Ansatz, daß das Geschlecht Ergebnis eines Produktionsprozesses ist, wobei die Geschlechter theoretisch nicht so sein müßten, wie sie sich dennoch darstellen.

Einen etwas anderen Blickwinkel auf „Geschlecht" ermöglicht der radikale Konstruktivismus. Krüll verweist darauf, daß soziologische Ethnomethodologie und radikaler Konstruktivismus viele Parallelen haben (Krüll 1990, S. 112, Anm. 2). Im folgenden möchte ich die Kategorie Geschlecht vom Ansatz des radikalen Konstruktivismus her beleuchten und dabei einige Parallelen und Unterschiede zur ethnomethodologischen Sicht aufzeigen.

4.3 „Geschlecht" aus der wahrnehmungstheoretischen Sicht des radikalen Konstruktivismus

Erstaunlicherweise wird der radikale Konstruktivismus selten von feministischen Theoretikerinnen aufgegriffen, obwohl auch er sich hervorragend dazu eignet, radikal über die Geschlechterdifferenz nachzudenken.[1] Meine Hoffnung besteht darin, mit Hilfe kleiner Splitter aus dem radikalen Konstruktivismus zur gänzlichen Verwirrung über das Denken der Geschlechter beizutragen.

Anhänger/-innen des Konstruktivismus gehen davon aus, daß die Wirklichkeit nicht *gefunden*, sondern *erfunden* wird (Watzlawick 1991; ders. 1993; v. Foerster 1991). Im radikalen Konstruktivismus geht es nicht darum, eine objektive, ontologische Wirklichkeit zu erkennen: Was wir als Wirklichkeit annehmen, ist vielmehr als ein Ergebnis aufzufassen, das mittels Sinneswahrnehmung hervorgebracht wird. Erkennen und Wissen beziehen sich dementsprechend nicht auf Dinge und Gegebenheiten, die irgendwie „an sich" sind: Alle wahrgenommenen Objekte existieren in einer Welt, die durch unsere Erfahrung konstituiert wird, und sie werden nicht unabhängig von uns als Dinge strukturiert gedacht (vgl. von Glasersfeld 1991, S. 30). *Erkenntnis* kann sich dann also nicht auf eine unabhängige, ontologische Welt beziehen, sondern auf „ ... die Ordnung und Organisation von Erfahrungen in der Welt unseres Erlebens" (ders. 1991, S. 23).

In der Folge geht es den radikalen Konstruktivisten nicht um die Frage, ob etwas „wahr" ist, weil man das ihrem Verständnis nach nicht herausfinden kann, sondern ob etwas *paßt*. Ideen, Theorien und „Naturgesetze" betrachten sie lediglich als Strukturen, mit deren Hilfe die Erlebenswelt zu erklären versucht wird. Man weiß durch sie nicht,

> „ ... wie die objektive Welt beschaffen ist; es heißt lediglich, daß wir *einen* gangbaren Weg zu einem Ziel wissen, das wir unter von uns bestimmten Umständen in unserer Erlebenswelt gewählt haben. Es sagt uns nichts ... darüber ... wieviele andere Wege es da geben mag und wie das Erlebnis, das wir als Ziel betrachten, mit einer Welt jenseits unserer Erfahrung zusammenhängt." (v. Glasersfeld 1991, S. 23)

Von Glasersfeld beschreibt den Vorgang von Erkennen und Wissen als „Ergebnis von Handlungen eines aktiven Subjekts" (ders. 1991, S. 30); Wissenschaft wird

---

[1] Den Grund dafür, daß Konstruktivismus und Feminismus selten in Verbindung gebracht werden, beschreibt Krüll (1990, S. 97 ff.) wie folgt: Das dem Konstruktivismus zugrundeliegende kybernetische Denken, wenn es sich um Kybernetik „erster Ordnung" handelt, beschäftigt sich mit dem Erhalt von Systemen; Strukturveränderungen sind dabei nicht vorgesehen. Auf dieser Ebene sei das Denken für Feministinnen uninteressant, weil es kein Veränderungspotential biete. Anders müßte es sich jedoch mit der Ebene der Kybernetik zweiter Ordnung, des radikalen Konstruktivismus, verhalten, da sie „struktursprengendes Potential" beinhalte (Krüll 1990, S. 98).

auch bei diesem Verständnis subjektiv hervorgebracht. Hierbei ist jede Erkenntnis mitgeprägt durch „Standort und Eigenart des Erkennenden" (Carl Friedrich von Siemens Stiftung 1985, S. VIII). Wenn also der *Standpunkt* des Beobachters/der Beobachterin so bedeutend ist, verweist das darauf, daß folgendes beim Erkenntnisvorgang von zentraler Bedeutung ist: Wahrnehmung, Vorerfahrungen, Vorurteile und Erwartungen. Auch wenn es an dieser Stelle um „Erkenntnis" geht und nicht, wie oben geschildert, um „Alltagserfahrungen"[1] (im Umgang der Geschlechter), ist doch auf den ersten Blick eine Parallele zu ethnomethodologischen Vorstellungen vorhanden: Die Bedeutung von Wahrnehmung, ihr Zusammenspiel mit Vorannahmen, durch welche sie oftmals unbewußt vorstrukturiert wird.

Innerhalb der Gedankenwelt des radikalen Konstruktivismus klingt das folgendermaßen: Wahrnehmung läuft über unsere Sinnesorgane, und die wahrgenommenen Signale unterliegen unserer Bewertung; dabei kann allein schon das, *was* wahrgenommen wird, von dem beeinflußt sein, was man *erwartet*, und die Interpretation des Wahrgenommenen kann zudem von Erfahrungen, Vorurteilen und Phantasie abhängen. Das, was wir über unsere Sinnesorgane aufnehmen, ist im radikalen Konstruktivismus keine Abbildung der „Realität" (s.o.); mittels unserer Sinnesorgane konstruieren wir uns vielmehr die Wirklichkeit, wie wir sie erleben, wobei wir

> „ ... nie alle vorhandenen Signale verwenden, sondern durch unsere Aufmerksamkeit stets eine relativ kleine Anzahl auswählen und diese Auswahl zudem durch die Vergegenwärtigung erinnerter Wahrnehmungen (die im Augenblick nicht von den Sinnesorganen spontan erzeugt werden) je nach Bedarf ergänzen. Der 'Bedarf' wird dabei durch den Zusammenhang des Handelns bestimmt, in dem wir uns gerade befinden; und dieser jeweilige Zusammenhang erfordert nie, daß wir die 'Umwelt' so sehen, wie sie 'in Wirklichkeit' ist (was wir ja ohnedies nicht könnten), sondern er verlangt nur, daß das, was wir wahrnehmen, uns zu erfolgreichem Handeln befähigt." (von Glasersfeld 1985, S. 11 ff.)

Nüse u.a. (1991) bringen das in ihrer Kritik am radikalen Konstruktivismus folgendermaßen auf den Punkt: Nichts von dem, was wir wahrnehmen, entspricht im radikalen Konstruktivismus der Wirklichkeit (dies. 1991, S. 140), was bedeutet, daß es „ ... keine eindeutigen Korrelationen zwischen Außenweltereignissen und Wahrnehmungen (gibt)" (ebd.)[2]. Folgt man also den radikalen Konstruktivsten,

---

[1] Für mich ist das eine so wichtig wie das andere.

[2] Ihre Kritik formulieren Nüse u.a. folgendermaßen: „Nun löst diese Behauptung bei normalen Alltagspsychologen, die wir ja auch alle sind, zunächst einmal nur Verwunderung aus. Unvoreingenommen betrachtet ist es nämlich eher der Fall, daß es nicht nur eine Vielzahl von eindeutigen Korrelationen zwischen Außenweltereignissen und Wahrnehmungen gibt; darüber

müssen wir nicht nur an der „Richtigkeit" unserer Sinneswahrnehmung *zweifeln*, sondern es gibt keine Gewähr dafür, daß das, was wir wahrnehmen, „wirklich" so ist, wie wir es wahrnehmen. Statt dessen erschaffen wir die Welt durch unser Erkennen, welches ein Tun ist, selber (vgl. Maturana/Varela 1991).

Im radikalen Konstruktivismus gilt unsere soziale Realität dennoch als verläßlich: Sie wird zwar als eine *eigene* Konstruktion verstanden, diese wird jedoch innerhalb einer Gemeinschaft, also *konsensuell*, hergestellt. Aufgrund gemeinsamer Sinneserfahrungen besteht darüber eine Übereinkunft, in welcher „Realität" wir leben, und in dieser Realität ist unser gemeinsames Handeln passend (s. Krüll 1990; v. Foerster 1991; v. Glasersfeld 1991). Die eine wichtige Ebene, über die wir unsere Realität konstruieren, ist demnach die der Sinneserfahrungen; die zweite Ebene ist die der Sprache. Bevor ich mich ihr zuwende, möchte ich die bisherigen Ausführungen auf die Existenz zweier Geschlechter beziehen.

Auf den ersten Blick scheinen Ausführungen des radikalen Konstruktivismus mit denen übereinzustimmen, die im Anschluß an die Ethnomethodologie entstanden sind: Auf „Geschlecht" bezogen heißt das für beide Ansätze: Betrachter nehmen jemanden als Frau *oder* Mann wahr, weil man überzeugt ist, daß ein Subjekt nur entweder „Mann" oder „Frau" sein kann („es gibt eben Frauen und Männer"). Diese Überzeugung bildet sozusagen die Vor-Annahme, auf deren Grundlage wir interagieren.

Mit Hilfe der wahrnehmungstheoretischen Vorstellungen des radikalen Konstruktivismus, so wie ich sie verstehe, läßt sich die Existenz zweier Geschlechter zusätzlich auf folgende Weise in Frage stellen: Akzeptiert man die These, daß die Realität vom Subjekt geschaffen wird und daß es keine Korrelation zwischen Wahrnehmung und Außenwelt gibt, kann man sich nur noch darin in Sicherheit wiegen, daß es keine Möglichkeit der Wahrnehmung gibt, die uns verläßlich über unsere Umwelt Auskunft gibt.[1] In der etwas plakativen Kritik von Nüse u.a. heißt das: „Eins ist sicher: Nichts ist sicher." (dies. 1991, S. 139) Vorsichtiger ausgedrückt: Wir dürfen unserer Wahrnehmung „nicht über den Weg trauen". Es gibt keine Sicherheit darüber, daß das, was ich wahrnehme, auch „so" existiert, wie ich es wahrnehme. Bezogen auf das Geschlecht: Wir nehmen die Geschlechter different wahr und denken different über sie, aber ob sie different sind oder sich different verhalten und handeln, ist damit überhaupt nicht gesagt. Innerhalb des Denkens des radikalen Konstruktivismus wäre das wohl auch eine müßige Frage:

---

hinaus sind diese Korrelationen auch noch ungewöhnlich hoch und zuverlässig." (dies. 1991, S. 140 ff.)

[1] Der Theorie gemäß muß es sich auch bei dieser Sichtweise um eine Konstruktion handeln.

Wenn Gewißheit in einer Frage nur zu erlangen ist, wenn sich etwas als falsch bzw. nicht passend erwiesen hat, kann man keine Aussage darüber machen, wie es nun „wirklich" um die Existenz zweier Geschlechter bestellt ist. Das Vorhandensein zweier Geschlechter wird diesem Denkansatz nach vom beobachtenden Organismus selbst hervorgebracht, allerdings im Konsens mit anderen. Wir können demnach lediglich für diesen Augenblick feststellen, daß die konsensuell getroffene Übereinkunft einer Realität, in der Männer und Frauen existieren, zu passen scheint – sonst würde unser Zusammenleben ja nicht funktionieren. Das heißt also zunächst: Wir nehmen zwei Geschlechter wahr, wir konstruieren auf diese Art und Weise unsere Umwelt, und somit sind sie für uns auch existent. Das heißt jedoch weder, daß dies die einzige Unterscheidungsmöglichkeit ist, noch gibt es uns Auskunft darüber, wie die Geschlechter „wirklich" sind. Und in bezug auf die Vorstellungen von „Männlichkeit" und „Weiblichkeit" führt es zu der Schlußfolgerung, daß deren Inhalte lediglich als Konstruktion existieren und mit den Handlungen der Individuen keine nachweisbare Übereinkunft bestehen kann.

Bezogen auf die Frage, ob eine Differenz zwischen den Geschlechtern überhaupt existiert, läßt sich beispielsweise mit von Glasersfeld und Luhmann folgendermaßen argumentieren: Dem Feststellen einer Differenz ist die Konstruktion einer Differenz vorausgegangen, denn

> „ ... Kriterien, anhand derer Gleichheit oder Verschiedenheit festgestellt werden, (werden) von dem erlebenden, urteilenden Subjekt geschaffen und gewählt und (können) nicht einer unabhängigen Welt zugeschrieben werden" (von Glasersfeld 1991, S. 34).

Luhmann schreibt zur Geschlechterdifferenz, daß Unterscheidungen

> „ ... sich nicht aus der Sache selbst (ergeben), im Falle von Männern und Frauen zum Beispiel nicht aus einem anthropologischen Grundtatbestand. Sie sind Konstruktionen einer Realität, die auch auf ganz andere Weise im Ausgang von ganz anderen Unterscheidungen konstruiert werden könnte." (Luhmann 1988, S. 49)

Meines Erachtens ist dieser Ansatz sehr fruchtbar, die Überzeugungen und Vorstellungen zu „Geschlecht" einmal radikal über Bord zu werfen. Er bietet die Möglichkeit, was wir als „Geschlecht" verstehen, einmal ganz anders zu denken, indem er an der gängigen Vorstellung rüttelt, mittels unserer Sinneswahrnehmung die Welt erkennen zu können. Auf diese Weise läßt sich die Kategorie Geschlecht als eigene Konstruktion eines Subjektes bezeichnen – sie ist Produkt „ ,objektivierenden' Denkens" (Krüll 1990, S. 99) - und somit „objektiv" gar nicht vorhanden. *Aber*: Die Wahrnehmung über unsere Sinnesorgane ist der wesentliche Zugang zur Welt. Wir haben nur diese Sinnesorgane, und wir können nur mit eben jenen vorhandenen wahrnehmen: An ihrer Verläßlichkeit zu zweifeln, ist sehr hilfreich, um sich vor „Kurzschlüssen" zu bewahren. Es gibt jedoch kein „Außerhalb der Sinnesorgane", um diese Welt zu erfassen. Der berechtigte Zweifel an der

„Richtigkeit" der Wahrnehmung ermöglicht lediglich, die Erkenntnisebene zu wechseln: Von der Überzeugung, daß etwas „so" ist, zu einem Verständnis, daß ich etwas als „so" *wahrnehme* und *denke*, daß es „so" ist. [1] [2]

Hier noch einmal ein Vergleich zwischen der Kategorie Geschlecht aus ethnomethodologischer Sicht mit der aus radikalkonstruktivistischer: Bei erster bleibt Zweigeschlechtlichkeit als kulturelles Produkt vorhanden, wobei dem Geschlecht nichts Wesenhaftes zukommt. „Geschlecht" wird als *Ergebnis* sozialer Prozesse aufgefaßt, nicht als deren Ursprung. Weil man als Mann oder Frau erkannt werden muß, werden in gegenseitiger Abhängigkeit „Männlichkeit" und „Weiblichkeit" auch dargestellt. Was unter „Geschlecht" verstanden wird, muß vom Individuum angeeignet werden, wobei „Geschlecht" als identitätsstiftend gilt.

Mit Hilfe des radikalen Konstruktivismus dagegen kann man sich überhaupt nicht mehr sicher sein, daß unsere Wahrnehmung, als Eigenleistung eines „autopoetischen Systems" (s. z.B. Maturana/Varela 1991, S. 55 ff.), irgend etwas mit der Außenwelt zu tun hat. Daraus ergibt sich die Konsequenz, keine „richtigen" Aussagen mehr über die Umwelt und somit auch die Kategorie Geschlecht selbst machen zu können. Gedanklich ließe sich so die Kategorie abschaffen. In der Frage nach dem Geschlechterverhältnis und der Geschlechterdifferenz könnte man mit diesem Ansatz „vor dem Nichts" stehen, da die Gedanken in eine Sackgasse münden: Wenn die Geschlechtskategorien Ergebnis eines nur individuellen Wahrnehmungsprozesses sind, bräuchte man sich nicht weiter mit ihnen zu beschäftigen.

Ganz so eindimensional sind radikalkonstruktivistische Vorstellungen jedoch nicht, und ich möchte Krülls Weiterentwicklung folgen: Sie bezeichnet sich selbst als radikale Konstruktivistin und beabsichtigt nicht die Abschaffung der Kategorie Geschlecht selbst, sondern ihrer festgelegten Inhalte.[3] Dadurch sieht sie Veränderungsmöglichkeiten, und damit kritisiert sie die *eigenen Konstruktionen von „Weiblichkeit" unter Feministinnen*: Wenn das Geschlecht konsensuell, also in Abstimmung mit anderen, hergestellt wird, liegt genau dort die Möglichkeit zur Veränderung: „Wir sind auch frei, Veränderungen in unseren Realitäten vorzunehmen. Sobald wir uns gemeinsam darauf einigen, daß unsere Realität eine andere sein soll, wird sie es sein." (Krüll 1990, S. 107) Krüll verweist in dem Zusammenhang darauf, daß Realität „ ... nie nur von mir selbst konstruiert (ist), sondern immer auch von den Menschen meiner Sprachgemeinschaft" (ebd.). Ihr Standpunkt,

---

[1] Vgl. hierzu die vier Ebenen, die Krüll beschreibt, in: Krüll 1990, S. 106 ff.

[2] Für eine umfassende Kritik am radikalen Konstruktivismus, die an dieser Stelle den Rahmen sprengen würde, verweise ich auf die bereits zitierte Veröffentlichung von Nüse u.a. (1991).

[3] Damit liegen ihre Vorstellungen ganz nah bei denen von Butler (s. Kap. 5.2).

der auf radikalkonstruktivistischen Gedankengängen beruht, und ihre damit einhergehende Kritik an feministischen Weiblichkeitskonstruktionen läßt sich mit folgendem Zitat verdeutlichen:

> „Wenn wir kein Kriterium für 'Wirklichkeit', 'Wahrheit', 'Objektivität' mehr außerhalb unserer konsensuell geschaffenen Realitäten anerkennen wollen, sind wir darauf verwiesen, gemeinsam Verantwortung dafür zu tragen, was wahr oder wirklich *sein soll*. (...) Wir können uns ... auch als Feministinnen selbstkritisch fragen, inwieweit auch wir dahin tendieren, die Verantwortung für *unsere* Konstruktionen von Realität abzugeben, sei es an anonyme Gestalten, wie etwa unsere weibliche 'Natur', unser 'wahres Selbst' oder andere 'objektive' Gegebenheiten, anstatt sie als Ergebnis unaufhörlicher Prozesse von Bewußtwerdung und Materialisierung und wieder Bewußtwerdung zu fassen." (Krüll 1990, S. 110)

4.4 „Geschlecht" als sprachlich-symbolisches Konstrukt

Abschließend möchte ich die Kategorie Geschlecht noch unter dem Aspekt von Sprache betrachten.[1] Neben der über Sinneswahrnehmung gemeinschaftlich hergestellten Realität existiert die Realität, die wir über unsere Sprache herstellen. Hierbei teilen wir als Menschen einer Sprachgemeinschaft „ ...'konsensuelle' Realitäten, die wir gemeinsam in Sprache hervorbringen" (Krüll 1990, S. 107). Die Sprache, in der wir sprechen, ist ein Medium, in dem wir uns mit anderen Menschen austauschen, wir teilen über sie unsere Realität mit, schaffen sie aber auch in ihr, weil sie ein symbolisches System darstellt. Wenn wir als Kleinkinder die Sprache erwerben, erlernen wir somit ein bestehendes System, in dem es bereits existierende Ordnungen gibt. Diese Ordnungen strukturieren ihrerseits unser Denken und unsere Möglichkeiten des Austausches vor, gerade weil die Sprache wiederum als System Grenzen besitzt, innerhalb derer wir eben diese Sprache erlernen.

Die Veränderungen der Sichtweise durch den Spracherwerb sind beinahe „revolutionär": Während das Erfassen der Welt vor dem Spracherwerb ausschließlich über sinnliche Erfahrungen läuft, ist mit der Sprache die Möglichkeit gegeben, „Vorstellungen über Erfahrungen" (Krüll 1990, S. 104) zu entwickeln: Erfahrungen müssen demgemäß nicht mehr mit eigenen Sinnen erlebt werden, vielmehr

---

[1] Auf die Zuordnung dieses Kapitels zu einer bestimmten wissenschaftlichen oder philosophischen Theorie verzichte ich, weil mir eine trennscharfe Unterscheidung für das übergeordnetes Thema nicht wichtig erscheint. Für eine grundlegende Auseinandersetzung mit Sprache verweise ich auf den Strukturalisten de Saussure (1931), auf den sich die *post*strukturalistischen Theorien beziehen.
Eine systemtheoretische Herangehensweise an Sprache und Kommunikation findet sich dagegen beispielsweise bei Luhmann (1985).

werden neue Welten dadurch erschlossen, daß man über die Welt der Sinne sprechen kann. Bereits Erlebtes kann mit Vorstellungen verknüpft werden, Dinge und Sinneswahrnehmungen erhalten einen Namen; Handeln kann begründet und reflektiert werden, was, worauf Krüll verweist, das „Selbst-Bewußtsein" schafft.

Die Fähigkeit, das Symbol des „Ich" zu erlernen und auf sich selbst anzuwenden, führt dazu, daß wir uns selbst zuordnen innerhalb des bestehenden sprachlich-symbolischen Systems. Auf diesem Weg wachsen wir in ein zweigeschlechtlich strukturiertes System herein und eignen es uns an, denn auch Sprache ist zweigeschlechtlich/bipolar strukturiert. In dieser Sprache nehmen wir „Mann und Frau" wahr, innerhalb dieser Sprache existieren „Vater und Mutter", die Begriffe *männlich* und *weiblich*, und innerhalb dieses Systems ordnen wir uns dem einen oder der anderen zu.

Der Selbstkategorisierungsprozeß, sich als Mädchen oder Junge zuzuordnen, hängt wohl eng mit dem Erwerb der Sprache zusammen (s. Gildemeister 1988, S. 497). Einerseits werden geschlechterdifferenzierende Merkmale wahrgenommen, die andererseits über die geschlechtsspezifisch verfaßten Kategorien der Sprache vermittelt und erfaßt werden (ebd.). Krüll bezeichnet aus konstruktivistischer Sicht Frau- bzw. Mann-Sein als „sprachlich-symbolische Konstruktion" (Krüll 1990, S. 105). Auch Tyrell betont die Bedeutung der Sprache für das Sehen und Aufrechterhalten der Geschlechterdifferenz:

> „Die Herstellung und Stützung der Dauerrelevanz geschlechtlicher Differenzierung im Alltagsleben ist ... wesentlich sprachlich ermöglicht." (ders. 1986, S. 461 ff.)

Und hinsichtlich des Zuordnungsprozesses von Individuen zu einem Geschlecht verweist Tyrell darauf, daß es zur „ ... adäquaten Selbst- und Fremdkategorisierung ... unabdingbar der kompetenten Beherrschung der Geschlechterterminologie und -grammatik (bedarf). *Geschlechtsidentität gibt es nur in sprachlicher Fassung.*" (Ders. 1986, S. 462, Hervorh. P.K.).

5 Neuere feministische Interpretationen der sex/gender-Konstruktion

Der Ausgangspunkt des dritten Kapitels bestand darin, der strukturellen Problematik nachzugehen, die Erklärungsansätzen zur Geschlechterdifferenz innewohnt. Diese Erklärungsansätze beinhalten i.d.R. unhinterfragt die Grundannahme, daß Frauen und Männer „von Natur aus" verschieden sind. Die im vierten Kapitel beschriebenen Sichtweisen verdeutlichen jedoch, daß Zweigeschlechtlichkeit keineswegs als so naturbedingt betrachtet werden muß, wie „man" das gemeinhin tut.

Als Fazit der vorangegangenen Ausführungen zur Kategorie „Geschlecht" läßt sich folgendes festhalten[1]: Wenn wir von unserem Alltagsverständnis über „die Geschlechter" ausgehen, „wissen" wir, daß es zwei Geschlechter gibt. Wenn Verschiedenheit zwischen den Geschlechtern vorausgesetzt wird, ist es nicht verwunderlich, daß in der Alltagswelt immer wieder Differenzen zwischen den Geschlechtern wahrgenommen werden können – insbesondere, wo alle Gesellschaftsmitglieder damit beschäftigt sind, die Geschlechtszugehörigkeit zu demonstrieren und zu entziffern. Geht man von einer naturhaften Existenz zweier Geschlechter aus, ist man sozusagen blind für Signale, die dieser binären Teilung widersprechen.

Dabei bewerten wir offenbar die äußerlich wahrnehmbaren „Anzeichen" über, die als Garanten für die Verschiedenheit der Geschlechter stehen: Erinnert sei an dieser Stelle an das Zitat von Mead, die darauf hinweist, daß in jeder gemischten Gruppe Männer und Frauen ihrem morphologischen Geschlecht nach nicht strikt voneinander zu trennen sind, sondern daß es Überschneidungen gibt. Auch kulturell gesetzte Ordnungen tragen dazu bei, wie die übliche heterosexuelle Paarbildung, dergemäß Männer größer und stärker sind als „ihre" Frauen (vgl. dazu Tyrell 1986, S. 468): Dadurch verstärkt sich der Eindruck eines körperlichen Geschlechtsunterschiedes, wobei man doch statt dessen ein relationales Verhältnis wahrnehmen könnte, wenn man dafür erst einmal sensibilisiert ist. Männer mögen vielleicht im Durchschnitt größer und/oder kräftiger sein, doch bezieht man auch alte oder gebrechliche Männer in diese Überlegungen ein, kann man keineswegs

---

[1] Hierbei unterscheide ich nicht nach sozial- oder radikalkonstruktivistischen Gedankengängen. Ich möchte vielmehr festhalten, auf welcher gedanklichen Basis ich mich in den folgenden Kapiteln bewege. Der *Schwerpunkt* wird dabei allerdings auf sozialkonstruktivistischen Thesen liegen, weil die meisten feministischen Theoretikerinnen „Geschlecht" aus dieser Perspektive betrachten und ich mich mit ihren Überlegungen auseinandersetzen möchte.

behaupten, daß Männer (im Sinne der Geschlechtsklassifikation) größer und/oder stärker als Frauen *sind* (s. Tyrell 1986, S. 458).

Auch auf der Ebene von Eigenschaften und Verhalten pflegen wir Verschiedenheit zwischen den Geschlechtern wahrzunehmen. „Die Geschlechterpolarität in einer gegebenen Gesellschaft steht unabhängig von den Interaktionen und Handlungen der Individuen fest." (Hagemann-White 1988, S. 231) Das läßt darauf schließen, daß die Polarität – als Konstrukt – fortbesteht, auch wenn Interaktionen und Handlungen einer/eines jeden nicht der Typisierung entsprechen, sondern ihr möglicherweise sogar entgegenstehen.[1] Das ist das Fatale an Typisierungen: Wenn wir uns nicht von ihnen befreien können, sind sie Grundlage unserer Vorannahmen und lenken damit unsere Wahrnehmung und unsere Interpretationen. Auf diese Weise entgehen uns, folgt man einem konstruktivistischen Verständnis, zahlreiche andere Wirklichkeiten, denn Typisierungen strukturieren unsere Wahrnehmung vor.

Somit sind Wahrnehmungs*verzerrungen* (vgl. Hagemann-White 1984, S. 16)[2] möglich. Wenn unsere Wahrnehmung durch das Wissen um Zweigeschlechtlichkeit vorstrukturiert ist und wir von entsprechenden geschlechtsspezifischen Entwicklungen ausgehen, verwundert es kaum, daß geschlechtsspezifische Verhaltensunterschiede konstatiert werden. (Vermeintliche) geschlechtsspezifische Unterschiede sind von hoher Bedeutung, weil die Konstrukte von Männlichkeit und Weiblichkeit mit unterschiedlichen Wertschätzungen einhergehen: „Das Männliche" ist hierbei das dominante Stereotyp[3].

Die Verankerung geschlechtsspezifischer Unterschiede wiederum scheint für das Aufrechterhalten der gegenwärtigen Machtstrukturen wichtig zu sein, und unter diesem Gesichtspunkt ist es passend, daß Hagemann-Whites These wenig Beachtung findet. Beim Vergleich empirischer Forschungsergebnisse, bei denen es um Geschlechterverhalten in Kindheit und Pubertät ging, stellte sie fest, „ ... daß die Variation innerhalb eines Geschlechts auf jeden Fall größer als die Differenz zwischen den Mittelwerten für jedes Geschlecht ist" (Hagemann-White 1984,

---

[1] Andererseits sind Interaktionen und Handlungen der Individuen nicht unabhängig von der Geschlechterpolarität: Im Rahmen sozialpsychologischer Untersuchungen hat man herausgefunden, „ ... daß gleiches Verhalten unterschiedlich wahrgenommen und bewertet wird, je nachdem, ob eine Frau oder ein Mann es tut" (Hagemann-White 1984, S. 14).

[2] Ich schließe mich dieser eher vorsichtigen Betrachtungsweise an und wende mich vom radikalen Konstruktivismus ab, der beschreibt, daß es keine Übereinstimmung von Wahrnehmung und Außenwelt gibt. Wenn man mittels Wahrnehmung die Wirklichkeit nicht erfassen kann, dürfte man bei einem radikalkonstruktivistischen Verständnis nicht von „Wahrnehmungs*verzerrung*" sprechen - an welcher „richtigen" Wahrnehmung sollte man sie messen?

[3] vgl. hierzu Veröffentlichungen von Harding (1991a), Knapp (1992), Wetterer (1992).

S. 12). Das Geschlecht könnte ihrer Ansicht nach einer von *mehreren* relevanten Faktoren sein – jedoch ohne eigene eindeutige Wirkung (Hagemann-White 1984, S. 16).

Für Analysen, die sich mit „Männlichkeit" und „Weiblichkeit" beschäftigen, beschreiben einige feministische Wissenschaftlerinnen folgendes Problem: Ansätze, die die Differenz zwischen den Geschlechtern voraussetzen und erklären sollen, arbeiten vermeintlich Geschlechtstypisches (vgl. Knapp 1988a) heraus. Geschlechtstypisches kann allerdings nur aufgrund als typisch gewerteter Zeichen festgestellt werden, was zirkulär wiederum auf die Grundannahme verweist, daß die Geschlechter verschieden sind. Dabei wird, wie Gildemeister und Wetterer in bezug auf die Erkenntnisse Kesslers und McKennas feststellen, mißachtet „ ... daß jeder, der die Differenz von Frauen und Männern untersucht, bereits vorab entschieden haben muß, was Männer und Frauen sind ..." (Gildemeister/Wetterer 1992, S. 243). Erklärungsansätze zur Geschlechterdifferenz enthalten demnach einen circulus vitiosus: Bereits im vorhinein ist eine Differenzierung nach „Mann" bzw. „Frau" vorgenommen worden, auf deren Grundlage untersucht wird, wie die bereits Klassifizierten nun „wirklich" sind. Männer und Frauen werden dabei, „gefangen" in ihrer jeweiligen Kategorie, immer wieder anhand des dichotomen Alltagswissens wahrgenommen und bewertet. Die grundsätzliche Mann/Frau-Kategorisierung wird somit nicht nur nicht in Frage gestellt, sondern sogar weiter aufrechterhalten, weil ja immer erst wieder Frauen und Männer voneinander unterschieden werden müssen.

Diese Erkenntnis kann man nun als „paradox oder trivial?" bezeichnen (Rödig 1993, S. 107), wie das zum Teil auch in der feministischen Forschung getan wird. Vorerst nehme ich sie ernst – vielleicht ist sie ja paradox *und* trivial – und möchte sie im Anschluß an Gildemeister und Wetterer folgendermaßen zuspitzen: Wenn man die Verschiedenheit der Geschlechter voraussetzt und die Ursprünge dieser Verschiedenheit darlegen möchte, wird somit die Grundannahme nicht in Frage gestellt, sondern statt dessen implizit immer wieder bestätigt. Das bedeutet: Solange man an der Differenz zwischen den Geschlechtern festhält, läuft man Gefahr, sich aktiv an der Produktion von Geschlechtsunterschieden zu beteiligen.[1]

Konzepte wie das „weibliche Arbeitsvermögen", die spezifisch „weibliche" Entwicklungen oder Eigenschaften konstatieren, erreichen wahrscheinlich eine

---

[1] Die Grundannahme, daß „das Geschlecht" sozial konstruiert ist, teilen zwar diejenigen feministischen Theoretikerinnen, auf die ich mich berufe; ihre Konsequenzen daraus sind jedoch unterschiedlich und z.T. widersprüchlich. Während auch Bilden (vgl. dies. 1991, S. 279) darauf hinweist, daß bestimmte Forschungsfragen auf die Konstruktion eines „weiblichen Sozialcharakters" hinauslaufen, betont Gildemeister, daß dieser nicht durch die Forschung hervorgebracht wird (dies. 1988, S. 501).

positive Besetzung, eine Aufwertung scheinbar weiblicher Werte. Sie versperren – aus einer konstruktivistischen Sicht – jedoch den Weg, die dichotome Schleife zu verlassen:

> „Das Geschlecht – nun theoretisch gefaßt als Weiblichkeit – erscheint als etwas, das jede Person immer schon «hat», und das in der sozialen Praxis in verschiedenen Formen nur zum Ausdruck kommt. In dieser Denkfigur ist nicht nur die Reifizierung des Geschlechts enthalten, sondern die Logik der Vergeschlechtlichung gewissermaßen auf den Kopf gestellt." (Gildemeister/Wetterer 1992, S. 221)

Welche Konsequenzen können sich aus dieser Einsicht für feministische Forschung ergeben? Welche Auswege bieten feministische Wissenschaftlerinnen an, die ein sozialkonstruktivistisches Verständnis von Geschlecht haben?

5.1 „doing gender" (West/Zimmerman)

Hagemann-White plädiert dafür, die Grundannahme einer „natürlichen" Zweigeschlechtlichkeit zu stürzen und die „Null-Hypothese", wie sie es formuliert, zu akzeptieren: Es gibt keine notwendige, naturhaft vorgeschriebene Zweigeschlechtlichkeit, sondern nur verschiedene kulturelle Konstruktionen von Geschlecht (Hagemann-White 1988, S. 230). Eine derartige Sichtweise ermöglicht es, die leibliche Ausstattung (Penis – nicht-Penis) lediglich als ein kulturell gesetztes Zeichen hinzunehmen und sich von der selbstverständlichen Überzeugung einer Verschiedenheit der Geschlechter zu trennen. Vor allem läßt sich damit die „biologische" Kategorie Geschlecht von der Annahme entkoppeln, daß „Männlichkeit" und „Weiblichkeit" Ausdruck unserer genitalen Geschlechtlichkeit sind.

Diese Perspektive versteht sowohl *sex* als auch *gender* als sozial/kulturell konstruiert (Lorber/Farrell 1991, S. 7). Somit kann man diesen Ansatz als eine Erweiterung derjenigen sex/gender-Interpretationen betrachten, die das Geschlecht in *natürliche* und *kulturelle* Anteile spalten. Auf diese Weise verabschiedet man sich zwar von einer Interpretation, die *sex* als „natürliches Geschlecht" betrachtet, akzeptiert andererseits jedoch nach wie vor verschiedene biologische Funktionen bei Menschen. Verdeutlichen läßt sich das an den Ausführungen von West und Zimmerman (1991).[1]

West und Zimmerman schlagen vor, die Unterscheidung in *sex* und *gender* um eine dritte zu erweitern, nämlich die der *sex category*. *Sex* wird hierbei als

---

[1] Auch wenn es hier so klingt, als bezögen West und Zimmerman sich auf Hagemann-White, verhält es sich andersherum. Ich verwende lediglich die Wiederauflage eines bereits 1987 erschienenen Artikels.

Geburtsklassifikation betrachtet, beruhend auf einer sozialen Übereinkunft darüber, aufgrund welcher biologischen Kriterien ein Mensch als Mann oder Frau gilt (s.o.). *Sex category* meint dagegen die Mitgliedschaft in einer der beiden Kategorien, also Mann oder Frau, unterstützt durch die Verwendung von dem, was ich oben „kulturelles Objekt" genannt habe. *Gender* dagegen ist „ ... the activity of managing situated conduct in light of normative conceptions of attitudes and activities appropriate for one's sex categorie" (West/Zimmerman 1991, S. 14). Unter *gender* lassen sich all jene Handlungen fassen, die die Teilnahme in der jeweiligen *sex category* immer wieder verdeutlichen. Um den Differenzen unter Frauen gerecht zu werden, plädieren Lorber und Farrell sogar dafür, von *gender* im Plural sprechen, „ ... because being a woman and being a man change ... and are different for different racial, ethnic, and religious groups, as well as for the members of different social classes" (dies. 1991, S. 1).

Zwei Punkte sind an den Ausführungen von West und Zimmerman wichtig: Zum einen gehen sie davon aus, daß die *sex category* und das „passende" *gender* nicht dem *sex* entsprechen müssen. Damit meinen sie, daß die bei uns als biologisch geltenden Unterscheidungsmerkmale (wie z.B. Chromosomen) nicht mit der Eigenzuordnung als Mann oder Frau übereinstimmen müssen. Gildemeister und Wetterer beschreiben diese Entkopplung als „*analytische Unabhängigkeit* von körperlichem Geschlecht (sex), sozialer Zuordnung zu einem Geschlecht (sex category) und sozialem Geschlecht (gender)" (dies. 1992, S. 213).

Zum anderen betonen West und Zimmerman bei ihrem Verständnis von *gender* dessen aktive Herstellung und Gestaltung in der Interaktion, was sie – schwer übersetzbar – als *doing gender* bezeichnen. *Doing gender* umfaßt die Tätigkeiten, die „Männlichkeit" und „Weiblichkeit" als Ausdruck der jeweiligen Natur erscheinen lassen (vgl. dies., S. 14 ff.). Dabei unterstreichen sie die Bedeutung der subjektiven Aneignung und stellen sich gegen eine Sozialisationskonzeption, die die Übernahme von *Sex*-Rollen unterstreicht, oder ein Verständnis, das *gender* als Ausdruck biologischer Anlagen begreift.[1] Vor allem lassen sie eine relative Offenheit für das jeweilige Handeln zu: Nicht jede/-r muß immer den geltenden Normen von Männlichkeit oder Weiblichkeit entsprechen; statt dessen sehen sie es als möglich an,

---

[1] An einem Sozialisationsverständnis, welches die Übernahme von *Sex*-"Rollen" vertritt, kritisieren sie folgende Punkte: Es geht von der Übereinstimmung des Individuums mit der ihm zugewiesenen Rolle aus, ein derartiges Konzept nimmt Stabilität und Kontinuität in Entwicklungsprozessen an; es ist ihres Erachtens „ahistorisch" und „unpolitisch" und setzt voraus, daß Menschen die gesetzten Regeln an sich beibehalten wollen (West/Zimmerman 1991, S. 27 ff.).
Diese Kritik deckt sich interessanterweise mit der des Sozialisationsbegriffes, der im Konzept des „weiblichen Arbeitsvermögens" verwendet wird (s. hierzu Bennholdt-Thomsen 1983; Knapp 1988a und 1988b).

sich bewußt anders zu verhalten. Zu beachten ist dabei allerdings, daß *doing gender* anderen nachvollziehbar sein muß. Letztendlich müssen sich die Interaktionspartner und -partnerinnen das jeweilige Verhalten erklären können.

„Doing gender means creating differences between girls and boys and women and men ..." (West/Zimmerman 1991, S. 24). An dieser Stelle wird klar, daß mein bisheriger Versuch, mit „Erklärungsansätzen zur Geschlechterdifferenz" ausschließlich „biologistisch" oder bipolar angelegte Konzeptionen zu meinen, sich nicht aufrechterhalten läßt: Auch innerhalb der Auseinandersetzung um die Kategorie Geschlecht wird offenbar der Versuch unternommen, die Geschlechterdifferenz erklären zu wollen. West/Zimmerman führen die Differenz auf das sogenannte *doing gender* zurück, womit es ihnen gelingt, den eigenen Anteil an der Herstellung von Geschlechtlichkeit hervorzuheben. Bei *doing gender* werden die geltenden Regeln von Macht und Hierarchie weitertransportiert, indem „Männlichkeit" als Dominanz, „Weiblichkeit" als Unterlegenheit vollzogen wird (vgl. West/ Zimmerman 1991, S. 32 in Anlehnung an Goffman)[1].

Offenbar sehen die Autorinnen eine – wenn auch geringe – Chance zur sozialen Veränderung darin, individuell auf *doing gender* zu verzichten:

> „If we do gender appropriately, we simultaneously sustain, reproduce, and render legitimate the institutional arrangements that are based on sex category. If we fail to do gender appropriately, we as individuals – not the institutional arrangements – may be called to acccount (for our character, motives, and predispositions)." (West/Zimmerman 1991, S. 33)

Das heißt, sie sehen eine Möglichkeit sozialer Veränderung darin, daß der/die einzelne sich nicht *gender*-spezifisch verhält. Sie weisen darauf hin, daß Veränderung im Interaktionsverhalten wichtig ist, da *doing gender* dazu beiträgt, die institutionalisierte Bedeutung der Geschlechterdifferenz weiter aufrechtzuerhalten. Gleichzeitig betonen sie jedoch notwendige Veränderungen in den Bereichen *Rechte*, *soziale Bewegungen* und *Institutionen*, da eine konsequente Veränderung nur systemisch zu erreichen sei (dies. 1991, S. 32 ff.).

Vor allem heben West und Zimmerman hervor, daß es notwendig sei, herauszuarbeiten und zu verdeutlichen, wie *gender* hergestellt wird. „An understanding of how gender is produced in social situations will afford clarification of the interactional scaffolding of social structure and the social control processes that sustain it." (Dies. 1991, S. 34)

Daraus folgt für Untersuchungen, die sich mit Geschlechterverhältnissen beschäftigen, daß das Geschlecht als „Prozeßkategorie" (vgl. dazu Wetterer 1991)

---

[1] Der Übersichtlichkeit halber behalte ich dennoch die Trennung der Ansätze in „sozialkonstruktivistisches Verständnis von Geschlecht" einerseits, „Erklärungsansätze zur Geschlechterdifferenz" (im unter Kap. 1.1 beschriebenen Sinne) andererseits bei.

aufgefaßt werden sollte. Es geht also darum, das prozeßhafte Werden eines Geschlechts, verbunden mit Problemen und Zwängen, aufzudecken, da Geschlechtlichkeit selbst angeeignet und vollzogen wird. Die Frage, wie das im einzelnen zu bewerkstelligen ist, möchte ich noch zurückstellen.

Diese weiterführenden Gedanken eines Verständnisses von Geschlecht, welches die Kategorie als in Interaktionen hervorgebracht begreift, können demnach folgende Neuerungen bieten: Einem „männlichen" Körper muß kein „männliches" *gender* entsprechen, was analog für „weibliche" Körper gilt; der eigene Anteil an der Produktion von Geschlecht wird betont; der Geschlechtlichkeit haftet keine – auch keine latente – Wesenhaftigkeit an. Statt dessen soll das Augenmerk auf Geschlecht als Prozeßkategorie gelegt werden, welche wiederum die soziale Hierarchie in einer Gesellschaft stützt und legitimiert. Damit kann man wohl vereinfachenden Sichtweisen entkommen, die Weiblichkeit als Auswirkung einer einzigen Ursache betrachten – wie beispielsweise der geschlechtsspezifischen Arbeitsteilung.

5.2 Das „performative"[1] Geschlecht (Butler)

Eine andere nicht-biologistische sex/gender-Interpretation liefert Butler. Auf ihren Argumentationsstrang und ihre Folgerungen möchte ich ebenfalls eingehen, da sich an „Das Unbehagen der Geschlechter" (dies. 1991a) die Auseinandersetzung um die Kategorie Geschlecht festmacht. Butler bezieht sich auf andere theoretische Ansätze als West und Zimmerman, nämlich in erster Linie Psychoanalyse, Strukturalismus und Poststrukturalismus. Dennoch kommt sie in einigen Punkten zu sehr ähnlichen Ergebnissen wie West und Zimmerman, was ich zunächst einmal nachweisen möchte.

Butlers Begründungszusammenhang zur sex/gender-Konstruktion lautet folgendermaßen: Die Unterscheidung zwischen *sex* und *gender* stellt eine Spaltung des Subjektes dar, und zwar anhand der binären Aufteilung in Natur/Kultur. Vor allem ist dieses binäre Verhältnis hierarchisch strukturiert (s. Butler 1991a, S. 66). *Sex* meint bei ihr „Geschlecht", *gender* „Geschlechtsidentität"[2]. Sie löst nun zunächst den Begriff des *gender* folgendermaßen auf:

> „Wenn der Begriff »Geschlechtsidentität« die kulturellen Bedeutungen bezeichnet, die der sexuell bestimmte Körper (*sexed body*) annimmt, dann kann man von keiner Geschlechtsidentität behaupten, daß sie aus dem biologischen Geschlecht folgt." (Butler 1991a, S. 22)

Daraus schließt sie auf zwei Dinge: Akzeptiert man zunächst die Existenz zweier Geschlechter – sie nennt es „die Stabilität der sexuellen Binarität (*binary sex*)" (dies. 1991a, S. 23) – läßt sich daraus erstens nicht folgern, daß zu einem männlichen Körper das Konstrukt „Mann" gehört, zu einem weiblichen die Kategorie „Frau" (ebd.). Zweitens gibt es keine Notwendigkeit, die Existenz von nur zwei Geschlechtsidentitäten als gegeben vorauszusetzen.

> „Wenn wir ... den kulturell bedingten Status der Geschlechtsidentität als radikal unabhängig vom anatomischen Geschlecht denken, wird die Geschlechtsidentität selbst zu einem freischwebenden Artefakt. Die Begriffe *Mann* und *männlich* können

---

[1] Lorey weist darauf hin, daß in der deutschen Übersetzung „Das Unbehagen der Geschlechter" das Adjektiv innerhalb des Begriffes „performative acts" mißverständlich als »performativ« übersetzt ist (Lorey 1993, S. 21 Anm. 9). Laut Fremdwörterbuch des DUDEN bedeutet *performativ*: „eine mit einer sprachlichen Äußerung beschriebene Handlung zugleich vollziehend (z.B. ich gratuliere dir...;)" (DUDEN 1990, S. 589). Lorey gibt an, daß Butler *performative* „ ... im Theater- oder »Performance«-Kontext als darstellend, aufführend ..." (Lorey 1993, S. 21) versteht. Landweer interpretiert *performativ* als „auf Darstellung angewiesen" (dies. 1993, S. 41).

[2] So übersetzt Kathrina Menke die Begriffe in der deutschen Fassung der amerikanischen Originalausgabe.

dann ebenso einfach einen männlichen und einen weiblichen Körper bezeichnen wie umgekehrt die Kategorien *Frau* und *weiblich*." (Butler 1991a, S. 23)

Butler geht nun ebenfalls davon aus, daß *sex* eine Konstruktion ist, und zwar hergestellt aufgrund der herrschenden Diskurse. Sie löst die Teilung in sex/gender zunächst dadurch auf, daß sie den Begriff der Geschlechtsidentität radikalisiert und von dort aus den Begriff *sex* dekonstruiert:

> „Vielmehr muß dieser Begriff (Geschlechtsidentität, P.K.) auch jenen Produktionsapparat bezeichnen, durch den die Geschlechter (*sexes*) selbst gestiftet werden. (...) Die Geschlechtsidentität umfaßt auch jene diskursiven/kulturellen Mittel, durch die eine »geschlechtliche Natur« oder ein »natürliches Geschlecht« als »vordiskursiv«, d.h. als der Kultur vorgelagert oder als politisch neutrale Oberfläche, auf der sich die Kultur einschreibt, hergestellt und etabliert wird." (Butler 1991a, S. 24)

Die Konstruktion des Geschlechts erscheint dabei als das „radikal Nichtkonstruierte" (ebd.):

> „Diese Produktion des Geschlechts *als* vordiskursive Gegebenheit muß umgekehrt als Effekt jenes kulturellen Konstruktionsapparates verstanden werden, den der Begriff »Geschlechtsidentität« (*gender*) bezeichnet." (ebd.)

Butler lehnt dementsprechend die Annahme eines naturbedingten Geschlechts ab. *Sex* betrachtet sie statt dessen als performativ produziert[1]. Es handelt sich um ein kulturelles Produkt (vgl. hierzu Lindemann 1993a). Sie weist darauf hin, daß die Geschlechtsidentität nicht völlig frei wählbar ist, sondern daß ihre Grenzen in Abhängigkeit des Diskurses entstehen, der „der Analyse bestimmte Schranken setzt" (Butler 1991a, S. 26). Dennoch eröffnet sie durch ihre Ausführungen folgendes: Es gibt nicht nur keine Natürlichkeit von Zweigeschlechtlichkeit, es gibt ebensowenig die Notwendigkeit, nur zwei Geschlechtsidentitäten vorzufinden (vgl. Butler 1991, S. 167). – Hier geht sie noch weiter als West und Zimmerman es tun, die nur zwei verschiedene *sex categories* beschreiben mit *entsprechendem* (demnach binär angelegtem) *gender*. – Vor allem weist Butler darauf hin, daß die Geschlechtsidentität selbst „ ... eine Art Werden oder Tätigkeit (ist) ..., ... eine Art unablässig wiederholte Handlung" (ebd.). Und dies bezieht sie generell auf die Kategorie Frau, die sie in Anlehnung an de Beauvoir als „prozessualen Begriff" beschreibt, als ein „Werden und Konstruieren" (Butler 1991a, S. 60). Daß nur die beiden Geschlechts-

---

[1] In einer Veröffentlichung von 1993 weist Butler darauf hin, daß es nicht ausreiche, daß Geschlecht als *performativ* zu bezeichnen, womit sie das wiederholte Produzieren der eigenen Natürlichkeit meint (dies. 1993a, S. 10). Sie verweist darauf, daß das Geschlecht nicht individuell gewählt, sondern daß der Körper geschlechtlichen Normen unterworfen ist, von diesen aber auch subjektiviert wird (ebd.). „Ich bringe mich nicht einseitig selbst hervor, und ebensowenig werde ich von irgendeinem Anderen hervorgebracht, dessen 'Blick' oder 'Wahrnehmung' die Macht besitzt, meine soziale Bedeutung zu konstituieren." (ebd.)

identitäten „Mann" und „Frau" aufrechterhalten werden, wird durch das Aufrechterhalten des heterosexuellen Systems erreicht (Butler 1991a, S. 45), und Identität gilt bei ihr, wie Weir es formuliert, als „Produkt eines Sprach- bzw. Machtsystems oder -struktur" (Weir 1993, S. 8).

Butler selbst sieht nun folgende Möglichkeiten: Wenn man in feministischen Theorien von einem einheitlichen Subjekt „Frau" ausgeht, entgehen einem nicht nur die zahlreichen Unterschiede unter Frauen, sondern man nimmt durch das Schaffen der Kategorie „Frau" selbst die Bestimmung dafür vor, was bzw. wer als Subjekt gelten kann. Da die feministische Politik ihrer Ansicht nach eine Identitätspolitik ist und die Identitätskategorien oft als grundlegend gelten, werden gleichzeitig die Möglichkeiten zur Emanzipation eingeschränkt, weil die Identitätskategorien selbst einschränkend sind (Butler 1991a, S. 215). Butlers Vorschlag besteht dementsprechend darin, die „wesentliche Unvollständigkeit" der Kategorie „Frau" vorauszusetzen, um dadurch einen „stets offenen Schauplatz umkämpfter Bedeutungen" (Butler 1991a, S. 35) und somit neue Subjektpositionen zu ermöglichen. Ob sie es ablehnt, die Kategorie „Frau" strategisch zu verwenden, ist nicht eindeutig, weil sie dazu widersprüchlich Stellung bezieht. Einmal betrachtet sie ein solches Vorgehen als „grobe Fehlrepräsentation" (Butler 1991a, S. 20), sieht es andererseits aber auch als sinnvoll an, wenn Frauen von „wir" sprechen (Butler 1991a, S. 209; Butler 1993a). Die Kategorie „Frau" möchte sie letztlich so beschreiben: Sie soll ein „Ort der Auseinandersetzung", ein „Ort der beständigen politischen Neuverhandlung" sein (Butler 1993a). Ziel ist dabei, keine Festlegung der Begriffe *Frau* oder *Weiblichkeit* vorzunehmen.[1]

Die Geschlechtsidentität sieht Butler weder als „schicksalhaft determiniert" noch als „völlig künstlich und arbiträr" an (Butler 1991a, S. 215), sondern vielmehr als einen Akt, der immer wieder vollzogen wird. Um das sichtbar werden zu lassen, schlägt sie vor, die Identität zu parodieren, um zu verdeutlichen, daß sie kein Ausdruck einer körperlichen Substanz ist (Butler 1991a, S. 198 ff). Gerade weil auch nach Butler die Geschlechtsidentität nicht Ausdruck eines anatomischen Geschlechtes ist, ist sie ihrer Ansicht nach auch nicht an die scheinbar vorhandene Zweigeschlechtlichkeit gebunden (Butler 1991a, S. 167).

Bei aller Verschiedenheit der theoretischen Herangehensweisen sehe ich eine wesentliche Gemeinsamkeit in den Ausführungen von West/Zimmerman und Butler darin, die sex/gender-Konstruktion radikal von biologistischen Zügen zu befreien.

---

[1] Ihr Verständnis von der Dekonstruktion des Subjektes umreißt sie folgendermaßen: „Dekonstruieren meint nicht verneinen oder abtun, sondern in Frage stellen und ... einen Begriff wie »das Subjekt« für eine Wieder-Verwendung oder einen Wieder-Einsatz öffnen, die bislang noch nicht autorisiert waren." (Butler 1993b, S. 48)

Sie verweisen jeweils darauf, daß die Zweigeschlechtlichkeit ein kulturelles Produkt ist; dennoch versäumen sie es nicht, biologische „Tatsachen" als gegeben hinzunehmen.[1]

Ich habe den Eindruck, daß zwei weitere Gesichtspunkte – neben dem Verzicht auf die Annahme einer naturbedingten Zweigeschlechtlichkeit – dieser unterschiedlichen Diskussionsstränge von West und Zimmerman einerseits, Butler andererseits bedeutend sind: Erstens der Versuch, auf ein einheitliches Subjekt für den Feminismus zu verzichten, indem die Konstruktion der Kategorie „Frau" bzw. die Konstruktion von „Weiblichkeit" radikal aufgedeckt wird (das ist Butlers Vorschlag). Das Wichtigste daran ist, auf die inhaltliche Bestimmung der Begriffe verzichten zu wollen und die Notwendigkeit einer solchen inhaltlichen Bestimmung für feministische Zwecke zu bezweifeln.

Zweitens die Betonung der eigenen Involviertheit in den Prozeß, der Geschlechtlichkeit erst herstellt (das vertreten Butler sowie West und Zimmerman). Gerade das Erkennen, daß wir durch unser eigenes Dazutun Geschlechtlichkeit mitproduzieren und ihr den Anschein von Natürlichkeit geben, eröffnet Möglichkeiten, das Geschlechterverhältnis zu verändern – wenn auch zunächst nur individuell und „im kleinen Kreis". Es steckt also Veränderungspotential in diesen Ansätzen.

---

[1] Vgl. dazu Butler: „Der Körper wird nicht als eine Konsequenz des Diskurses oder der Kultur oder irgendeiner anderen monolithischen Quelle der 'Konstruktion' *produziert*, wenn wir mit „produziert" meinen: „verursacht von" oder „gemacht aus". Daß ein Leben, Sterben, Atmen und Altern der Körper stattfindet, ist unbestritten. Die Behauptung, dies alles seien soziale und diskursive Praktiken, bedeutet ja nicht, daß diese Phänomene grundsätzlich zu leugnen seien." (Butler 1993a, S. 10).

6 Viel Lärm um nichts?
Differenztheoretische Konzepte oder Dekonstruktion der Kategorie Geschlecht? Ein Vergleich

Die Ausführungen zur Kategorie Geschlecht haben das Konzept des „weiblichen Arbeitsvermögens" vorerst in den Hintergrund gedrängt und auch die Frage, inwiefern ein theoretisch erkanntes Problem für Forschungsfragen nutzbar gemacht werden kann. Implizit tauchte Kritik an Erklärungsansätzen auf, die auf der Geschlechterdifferenz basieren, dennoch kamen Vor- und Nachteile der jeweils verschiedenen Herangehensweisen noch nicht explizit zum Ausdruck. Hier möchte ich eine „Verschnaufpause" einlegen, um die bisherigen Ausführungen Revue passieren zu lassen, Kritik an ihnen zu üben und sie miteinander zu vergleichen.

Ein Konzept wie das „weibliche Arbeitsvermögen" ist Reaktion auf ein manifestes Ungleichverhältnis in unserer Gesellschaft: die Benachteiligung von Frauen[1] am Arbeitsmarkt. Diese Benachteiligung ist – aufbauend auf der Grundannahme, es gibt Frauen und Männer – empirisch nachweisbar. Zahlen zum geschlechtsspezifischen Arbeitsmarkt belegen die horizontale und vertikale Segregation, und sie weisen die Gruppe „Frauen" als benachteiligt aus. Innerhalb des Konzeptes vom „weiblichen Arbeitsvermögen" wird diese empirisch feststellbare Größe als Grundlage für die sich anschließenden Fragen genommen: Weshalb existiert diese Benachteiligung, worin ist sie begründet, und wodurch wird dieses systematische Ungleichgewicht zwischen Männern und Frauen aufrechterhalten? Diesem Konzept ist zugute zu halten, daß es ein manifestes Ungleichverhältnis zwischen den Geschlechtern aufgreift, wobei sich die Autorinnen auf empirische Daten – und auch unsere Wahrnehmung, unser reales Erleben – beziehen. Sie versuchen herauszuarbeiten, welche Gründe dafür vorhanden sein können, daß Frauen nachweislich in wenigen, als „weiblich" geltenden Tätigkeiten, anzutreffen sind. Wahrscheinlich werden sich viele Frauen repräsentiert fühlen, und zwar gerade diejenigen, die in den als weiblich bezeichneten Berufen tätig sind: Beck-Gernsheim und Ostner haben ihre Lebenssituation aufgegriffen, haben nach den Gemeinsamkeiten gesucht, die Krankenschwestern, Pädagoginnen, Erzieherinnen haben. Sie haben die

---

[1] Hier fällt auf, wie schwer (bzw. unmöglich) es ist, auf die Begriffe Frauen und Männer zu verzichten, da sie zentral für die Beschreibung unserer sozialen Wirklichkeit sind. Etwas genauer ließe sich für „Frauen" formulieren: „der sich als Frauen zu erkennen Gebenden" - doch auch dort verzichtete man nicht auf den Begriff selbst ...

Berufswahl von Frauen ernstgenommen, sie in Zusammenhang mit dem weiblichen Sozialisationsprozeß gesetzt und vor allem eines versucht: eine positive Besetzung sogenannter weiblicher Tätigkeiten und Fähigkeiten zu verankern.

6.1 Kritik am „weiblichen Arbeitsvermögen"

Da ich das Konzept des „weiblichen Arbeitsvermögens" exemplarisch als ein differenztheoretisches Konzept bearbeitet habe, möchte ich es jetzt in Bezug setzen zu meinen Ausführungen zur Kategorie Geschlecht. Drei Punkte aus der Auseinandersetzung um die Kategorie Geschlecht erscheinen mir zentral, wenn ich den ethnomethodologischen Zugang einerseits, Butlers poststrukturalistischen andererseits in einen zusammenfassenden Überblick zu bringen versuche: Das Zweifeln an der naturbedingten Zweigeschlechtlichkeit, der Versuch, keine inhaltliche Bestimmung des Begriffes Frau vorzunehmen und der eigene Anteil am Herstellungsprozeß von Geschlechtlichkeit.

Wenn ich an dieser Stelle zentrale Punkte aus einer umfassenden Debatte mit unterschiedlichen theoretischen Zugängen auf drei mir wesentlich erscheinende Punkte reduziere, mag das grob vereinfachend erscheinen. Dennoch habe ich mich dafür entschieden, weil diesen Perspektiven gemeinsam ist, Kritik an Erklärungsansätzen zur Geschlechterdifferenz zu üben, und weil sie insgesamt betrachtet – bezogen auf die Frage nach der Geschlechterdifferenz – wesentlich weniger Neues und voneinander Verschiedenes bieten, als ich zunächst vermutet hatte.

6.1.1 Annahme einer naturbedingten Zweigeschlechtlichkeit

Wie oben erwähnt, plädieren einige feministische Wissenschaftlerinnen dafür, Zweigeschlechtlichkeit nicht als naturbedingt, sondern als Konstruktion zu verstehen; Hagemann-White nennt das die „Null-Hypothese". Nun besteht darüber nur Einigkeit bei den von mir zitierten Wissenschaftlerinnen; innerhalb des feministischen Diskurses wird darüber gestritten.

Ausgegangen war ich von dem Vorwurf, daß innerhalb der deutschen feministischen Theoriediskussion biologistische Züge vorhanden seien, da man auf eine grundverschiedene Wesenhaftigkeit von Männern und Frauen bestehe.

Der Vorwurf, ein Konzept wie das „weibliche Arbeitsvermögen" sei biologistisch, ist meines Erachtens mit Vorsicht zu verwenden. In diesem Konzept kommen die Zuschreibungen an Frauen inhaltlich ontologisierenden Beschreibungen bedenklich nahe – und dennoch kann die Behauptung, daß in ihm biologistisch argumentiert wird, nicht ohne erklärende Einschränkungen aufrecht erhalten werden. Grundsätzlich haben Ostner und Beck-Gernsheim versucht, sich gegen essentielle Weiblichkeitszuschreibungen zu wehren. Sie gehen im Gegenteil davon aus, daß Frauen spezifische Eigenschaften und Verhaltensweisen „ansozialisiert" und bestimmte psychische Dispositionen[1] bei ihnen gefördert werden. Ein Verständnis des Begriffes Biologismus in dem Sinne, den ich oben angeführt habe, liegt also nicht vor: Im „weiblichen Arbeitsvermögen" werden Eigenschaften, Neigungen und Fähigkeiten nicht auf die „biologischen Tatsachen der Reproduktion" (Wallisch-Prinz 1993, S. 31), wie Zeugung und Geburt, zurückgeführt.

Gildemeister und Wetterer dagegen haben die Bedeutung des Begriffes Biologismus etwas verlagert: Hierbei wird die unhinterfragte Annahme einer naturbedingten Zweigeschlechtlichkeit kritisiert und als biologistisch verstanden; dafür verwenden sie die Begriffe *latenten* und *verlagerten* Biologismus, und zwar im Hinblick auf die sex/gender-Konstruktion. Aus dieser Perspektive ist der Biologismus-Vorwurf nachvollziehbar und plausibel: Es handelt sich um den von ihnen kritisierten strukturellen Biologismus der Gesamtkonstruktion sex/gender, wenn *sex* nicht als sozial konstruiert gilt.

Angewandt auf das „weibliche Arbeitsvermögen" kann das folgendes bedeuten: Wenn *sex* als natürliches Geschlecht gilt und *gender* als soziales, wird nach Gildemeister und Wetterer suggeriert, daß ein Teil von Geschlechtsunterschieden der Natur zuzuordnen wäre (dies. 1992, S. 206); das verstehen sie unter *verlagertem* Biologismus. Diesen verlagerten Biologismus kann man der Gesamtkonstruktion „weibliches Arbeitsvermögen" unterstellen; direkt nachweisen läßt er sich anhand der Aussagen von Ostner und Beck-Gernsheim nicht. Beck-Gernsheim und Ostner gehen von einer naturbedingten Zweigeschlechtlichkeit aus, problematisieren diese zumindest nicht. Das heißt, sie argumentieren auf der Grundannahme einer Differenz zwischen Frauen und Männern. Die Fähigkeiten und Eigenschaften, die Ostner und Beck-Gernsheim einem Geschlecht zuschreiben, werden nicht explizit unterschieden in wesengemäße und anerzogene. Das bedeutet für den Vorwurf des verlagerten Biologismus, daß er die Metaebene betrifft, nicht die Realaussagen. Man kann lediglich sagen: Ein Gedankenkonstrukt, das das Subjekt in biologisch versus kulturell/sozial spaltet, führt – konsequent gedacht – dazu, einige Eigenschaften, psychische Disposition und Verhaltensweisen als „wesenhaft" bezeichnen zu müssen, andere dagegen als kulturell bedingt, da ansonsten die Unterscheidung in *sex* und *gender* unnötig wäre. – Insofern kann man dem Konzept des „weiblichen Arbeitsvermögens" einen verlagerten Biologismus ankreiden.

---

[1] Inwiefern sie diese psychischen Dispositionen als geschlechtsspezifisch betrachten, ist nicht eindeutig zu klären.

Zum Vorwurf des *latenten* Biologismus, der Annahme, daß es zu einem spezifischen *sex* ein entsprechendes *gender* gibt, läßt sich folgendes anmerken: Wahrscheinlich ist, daß innerhalb des Konzeptes vom „weiblichen Arbeitsvermögen" davon ausgegangen wird, daß biologische Frauen entsprechend „Weiblichkeit" leben, biologische Männer „Männlichkeit". Zumindest gibt es keinen Hinweis darauf, daß die Autorinnen es sich anders gedacht haben könnten. Zu der Zeit, als das Konzept entstand, lag das Augenmerk der feministischen Diskussionen jedoch nicht auf dieser Problematik, und man muß Beck-Gernsheim und Ostner eines zugute halten: sie haben sich letztendlich weit weniger mit Biologie und weiblicher Essenz beschäftigt, als das die Kritikerinnen gerade tun (obwohl das ja gerade das ist, was der Debatte nach eigentlich unterlassen werden soll).

Nun kann man aus der Perspektive einer durch und durch sozialen Konstruiertheit der Kategorie Geschlecht am Konzept des „weiblichen Arbeitsvermögens" kritisieren, daß dessen Autorinnen unhinterfragt von der Existenz von Männern und Frauen ausgehen. Insbesondere plausibel erscheint hierbei die Kritik, „ ... daß jeder, der die Differenz von Frauen und Männern untersucht, bereits vorab entschieden haben muß, was Männer und Frauen sind ..." (Gildemeister/Wetterer 1992, S. 243). Die Positionen, die eine soziale Konstruiertheit der Kategorie Geschlecht annehmen, bieten jedoch keinen zufriedenstellenden Ausweg aus diesem Dilemma (dem wird ausführlich ab Kapitel 6.2 nachgegangen).

6.1.2 Inhalte der Kategorie Frau

Insbesondere Butler hat darauf hingewiesen, daß der Feminismus nicht zu wissen braucht, wie Frauen *sind*; eine solche Begriffsfestlegung würde den feministischen Interessen vielmehr im Wege stehen, da Festschreibungen Emanzipationsmöglichkeiten einschränkten. Aus diesem Blickwinkel betrachtet sind Aussagen über Frauen, auch wenn sie mit einer positiven Wertschätzung einhergehen, kontraproduktiv. Jede Seinsbeschreibung im Sinne von „Frauen *sind* emotional" beschneidet demnach den Verhaltens- und Handlungsspielraum von Frauen – unabhängig davon, ob diese Zuschreibung nun wesenhaft oder sozialisationsbedingt begründet wird.

Aus dieser Perspektive ist das Konzept des „weiblichen Arbeitsvermögens" ungünstig für Frauen und sollte kritisiert werden: Bei dem Versuch, sogenannte weibliche Eigenschaften, Orientierungen und Fähigkeiten positiv zu besetzen und somit aufzuwerten, werden Frauen gleichzeitig auf bestimmte weibliche Züge festgelegt. Innerhalb des Konzeptes vom „weiblichen Arbeitsvermögen" werden Aussagen über Frauen getroffen, die nach Realaussagen klingen; aufgrund der Argumentation und der Formulierungen von Beck-Gernsheim und Ostner tritt beim

Lesen der Hinweis in den Hintergrund, es handle sich um einen Idealtypus. (Dabei ist auch zu berücksichtigen, daß dieser Hinweis durch Ostner erst nach der Kritik am Konzept erfolgte.) Beck-Gernsheim und Ostner beschreiben Eigenschaften, die Frauen ihrer Ansicht nach in der Regel aufweisen – bspw. Sensibilität, Einfühlungsvermögen, Konkurrenzangst – und nehmen auf diesem Weg eine inhaltliche Bestimmung der Kategorie Frau vor. Auf diese Weise konstruieren sie eine den Frauen gemeinsame „Weiblichkeit"; das bedeutet, *als Frauen* bestimmte Eigenschaften und Verhaltensweisen zu besitzen, die Männer nicht haben, da im „männlichen" Dispositionspool andere Inhalte vorhanden sind. Beck-Gernsheim und Ostner beschreiben ein weibliches Subjekt, das komplementär zum Mann steht, und schaffen somit eine gemeinsame Identität unter Frauen, wobei sie im bipolaren Schema „männlich – weiblich" verbleiben. Einerseits wird somit den Differenzen unter Frauen (wissenschaftstheoretisch erst ein Ergebnis der Diskussionen in den achtziger Jahren) nicht entsprechend Rechnung getragen[1], andererseits produzieren sie auf diese Weise vor allem eine Trennung zwischen den Geschlechtern, die statisch und schwer aufhebbar erscheint.

6.1.3 Eigenbeteiligung an der Herstellung von „Frau"

Ein sozialkonstruktivistisches Verständnis der Kategorie Geschlecht betont die Herstellung von Geschlechtlichkeit in der Interaktion, also gemeinsam mit und in Abhängigkeit von anderen; außerdem verdeutlicht der Begriff des *doing gender*, daß Geschlechtlichkeit durch eigenes Mitwirken hervorgebracht wird.

Gerade die eigene Beteiligung findet dagegen im Konzept des „weiblichen Arbeitsvermögens" wenig Beachtung. In bezug auf die Frage, weshalb der Arbeitsmarkt geschlechtsspezifisch segmentiert ist, verweisen Beck-Gernsheim und Ostner zwar darauf, daß Frauen aufgrund ihres Arbeitsvermögens bestimmte Interessen und Neigungen haben, aber die Entwicklung eben dieser geschlechtsspezifischen Vorlieben scheint ihren Formulierungen nach nahezu ohne Subjekte stattzufinden. Ganz am Anfang steht für die Autorinnen die geschlechtsspezifische Arbeitsteilung: Diese wird als gegeben vorausgesetzt und keiner historischen Analyse unterzogen. Die Entwicklung geschlechtsspezifischer Arbeitsvermögen gründet sich nach Beck-Gernsheim und Ostner auf eben diese Arbeitsteilung und wird über den geschlechtsspezifischen Sozialisationsprozeß vermittelt. Wie sich

---

[1] Natürlich kann ein Konzept, das aus den Endsiebzigern stammt, keine Ergebnisse einer Diskussion aus den Achtzigern berücksichtigen. Allerdings hätten die zahlreichen Kurzfassungen jüngeren Datums (Ostner 1990, 1991, 1992) m.E. die Ergebnisse dieser Diskussion stärker berücksichtigen müssen.

die Autorinnen diesen jedoch konkret vorstellen, bleibt im Verborgenen (s.a. Bennholdt-Thomsen 1983, S. 210). Beispielhaft läßt sich hier eine Stellungnahme zum Begriff der Identität anführen, der für Sozialisationstheorien zentrale Bedeutung hat: Ostner betrachtet die unmittelbare Alltagssicherung als Grundlage der weiblichen Identitätsbildung, da sie die von Frauen erwartete Leistung ist, welche der beruflichen Leistung im männlichen Lebenszusammenhang entspricht (Ostner 1978, S. 198). Die Behauptung, die Identitätsbildung der Frau vollziehe sich auf der Grundlage der Sicherung des Alltags, wird jedoch durch keine theoretischen Ausführungen gestützt, die diesen Vorgang beleuchten oder gar erklären.

Insgesamt lese ich eine eindimensionale Vorstellung von Sozialisation aus dem Konzept heraus, bei der die Individuen Ergebnis der sie umgebenden Gesellschaft sind. Aktive Aneignung, das, was Bilden „*Selbst-Bildung in sozialen Praktiken*" nennt (dies. 1991, S. 280), findet keine Berücksichtigung. Aus heutiger Sicht orientiert sich das Konzept eher an der Übernahme von Geschlechts*rollen* als an einer Aneignung von Geschlechtlichkeit. Diese Eindimensionalität führt dazu, daß Besonderheiten, Brüche und Andersartigkeiten keine Berücksichtigung finden.

6.2 Kritik an einem sozialkonstruktivistischen Verständnis von „Geschlecht"

Die genannten Probleme lassen sich aus einer sozialkonstruktivistischen Sicht auf die Kategorie Geschlecht verdeutlichen. Doch auch diese Perspektive soll kritisch betrachtet werden[1]. Der Übersichtlichkeit halber werde ich mich dafür ebenfalls auf die drei Punkte „naturbedingte Zweigeschlechtlichkeit", „Inhalte der Kategorie Frau bzw. Weiblichkeit" und „Eigenbeteiligung an der Herstellung von Frau" beziehen.

---

[1] Aufgrund der verschiedenen theoretischen Zugänge und der zahlreichen Querverweise der Autorinnen untereinander kann ich nicht auf jede einzelne Sichtweise eingehen, sondern werde nur die wichtigsten Punkte aufzeigen.

6.2.1 Naturbedingte Zweigeschlechtlichkeit

Auf der einen Seite kann man sagen, daß die von mir geschilderten Teile aus der Auseinandersetzung um die Kategorie Geschlecht an dem sozialwissenschaftlichen Paradigma rütteln, daß Frauen und Männer verschieden sind. Allerdings rütteln sie an dieser Differenz nur, sofern man sie als „von Natur aus" bezeichnet.

Anfangs hatte ich vermutet, daß die generelle Verschiedenheit von Männern und Frauen angezweifelt würde; diese Interpretation ließ sich für mich damit begründen, daß Hagemann-White eine mögliche Wahrnehmungsverzerrung beschreibt, die dazu führt, Geschlechtsunterschiede festzustellen, wo doch gar keine vorhanden sind (vgl. Hagemann-White 1984, S. 16). Außerdem sah ich diese Interpretation in dem von ihr verfaßten Überblick zu Geschlechtsunterschieden im Sozialverhalten und im emotionalen Verhalten bestätigt, nach welchem „ ... der Forschungsstand *keine* Unterstützung für die Ansichten hergibt, daß Mädchen geringeres Leistungsstreben oder weniger Neugier hätten ..." (Hagemann-White 1984, S. 20). Die beschriebene Problematik, daß man erst nach Frauen und Männer unterscheide und dann diese Unterscheidung durch geschlechtsdifferente Fähigkeiten, Vorlieben und Eigenschaften nachzuweisen versuche, und vor allem zahlreiche Kritik (z.B. in den Feministischen Studien, in der Frankfurter Rundschau) führten mich ebenfalls zu dieser Annahme.

Doch es geht in der Auseinandersetzung um die Kategorie Geschlecht „nur" um eine konsequente Absage an eine naturbedingte Zweigeschlechtlichkeit: Wenn betont wird, daß eine soziale Übereinkunft über die als biologisch geltenden Kriterien erfolgt ist, kann auf diese Weise Zweigeschlechtlichkeit ebenfalls als kulturelles/soziales Produkt betrachtet werden. Somit wird ganz konsequent die Hypothese, daß es eine biologisch bedingte Weiblichkeit gibt, negiert.

Die dichotomen Stereotype von männlich/weiblich bleiben in den Diskussionen dennoch zumeist erhalten (s.u.): Nur muß „Weiblichkeit" nun nicht einem weiblichen biologischen Geschlecht (*sex*) entsprechen, „Männlichkeit" nicht einem männlichen. Für geschlechtsspezifische Analysen oder Konzepte zum Geschlechterverhältnis im Bereich der Sozialwissenschaften dürfte das jedoch keine praktischen Auswirkungen haben: Niemand wird in der Vergangenheit, z.B. anhand der Chromosomen, kontrolliert haben, ob ein sich „weiblich" gebendes Wesen die entsprechenden biologischen Kriterien aufweist, die das weibliche Geschlecht (*sex*) ausmachen. Auch in Zukunft dürften solche Untersuchungen nicht auf der Tagesordnung stehen. Die Absage an eine naturbedingte Zweigeschlechtlichkeit ermöglicht lediglich eine Bewußtseinsänderung.

6.2.2 Inhalte der Kategorie Frau

Letztlich – und das ist mein großer Kritikpunkt – bleiben die bipolar angelegten Stereotype zu „Männlichkeit" und „Weiblichkeit" bei den meisten Theoretikerinnen erhalten (Butler bildet eine Ausnahme). Folgendermaßen möchte ich diesen Standpunkt begründen: Hagemann-White beispielsweise verweist einerseits darauf, daß geschlechtsspezifische Eigenschaftszuweisungen an Männer und Frauen „immer auch fiktiv" sind (dies. 1984, S. 80), Männern und Frauen Eigenschaften unterstellt werden und ihr Verhalten anhand der vorausgesetzten Geschlechtszugehörigkeit bewertet wird (dies. 1984, S. 80 ff.); andererseits betont sie, daß die Aneignung des symbolischen Systems der Zweigeschlechtlichkeit verschieden vollzogen wird. Sie ist abhängig davon, ob man sich selbst als „männlich" oder „weiblich" betrachtet, wobei die „natürliche" Ausstattung nicht wesentlich ist. Heißt das nicht, daß wir *als* Frauen oder *als* Männer dann auch anders *sind*?

Und wenn Gildemeister und Wetterer schreiben, daß eine „naive" sex/gender-Interpretation aus logischen Gründen bestimmte Geschlechtsunterschiede als biologisch bedingt abspalten muß, setzen auch sie eines voraus: daß es Geschlechtsunterschiede gibt. – Bedeutet das nicht, daß im Geschlechtspool „Weiblichkeit" nach wie vor andere Eigenschaften, Zuschreibungen, Bewertungen enthalten sind als in dem von „Männlichkeit"?

In einer „Geschlechterforschung" (Gildemeister/Wetterer 1992) soll es um die Rekonstruktion des Aneignungsprozesses von „Weiblichkeit" und „Männlichkeit" gehen – doch welche Inhalte werden bei diesen Begriffen assoziiert?

Trennen wir uns von der Annahme, es gebe etwas wesenhaft „Weibliches", verweisen aber dennoch auf die soziale Wirklichkeit, in der ein Teil der Menschen sich als Frauen konstituiert, kann die inhaltliche Bestimmung des Begriffes weiblich nach wie vor nur an unserem Alltagsverständnis über Geschlecht und Geschlechtlichkeit orientiert bleiben. Ich bezweifle, daß man dabei hinsichtlich der Vorstellungen von „Weiblichkeit" und „Männlichkeit" so weit entfernt ist von Konzepten wie dem „weiblichen Arbeitsvermögen", wie man das gerne wäre. Hier werden statt dessen lediglich Nuancen beschrieben, auch wenn diese sehr bedeutend erscheinen.

Wenn propagiert wird, daß es bei „Männlichkeit" und „Weiblichkeit" um die Aneignung eines symbolischen Systems geht, und „Männlichkeit" hierbei als Dominanz, „Weiblichkeit" als Unterlegenheit vollzogen wird, bleibt eine polare Ausrichtung der beiden Geschlechtlichkeiten bestehen. Eine Alternative zu einem bipolar angelegten Konzept wie dem „weiblichen Arbeitsvermögen" wird nicht einfach dadurch erreicht, daß man die gesamte Kategorie Geschlecht (also auch den Begriff des *sex*) als sozial konstruiert auffaßt. In diesem Zusammenhang erscheint mir die konsequente Absage an eine „Natur der Geschlechter" nebensächlich, da sie auf die inhaltliche Festlegung der Konstrukte „Männlichkeit" und „Weiblichkeit" keinen Einfluß nimmt. Die Kritik, ein Konzept wie das „weibliche Arbeitsvermögen" oder Konzeptionen zur „weiblichen Sozialisation" seien biologistisch, finde ich in diesem Licht übertrieben und strategisch nicht einleuchtend: Hier wird ein Scheingefecht ausgetragen, wird das Adjektiv „biologistisch" zugewiesen, ohne aufzeigen zu können, wie wir uns ernsthaft der bipolaren Geschlechtsidentitäten entledigen können, die einengend dahinter stehen.

Der Ansatz bietet allerdings folgende neue Perspektiven: Theoretisch kann es weitere „natürliche" Geschlechter geben (= Null-Hypothese), und die beiden Geschlechtsidentitäten haben nichts mit der biologischen Ausstattung zu tun (betonen alle, die sich auf West und Zimmerman beziehen). Einzig Butler fordert auf anzuerkennen, daß es noch weitere Geschlechtsidentitäten geben könnte; sie hält es für unerläßlich, auf Seinsbeschreibungen innerhalb der feministischen Theorie zu verzichten. Doch selbst wenn man jenseits der dichotomen Optik weitere Geschlechtsidentitäten entwickelte – egal, wie realistisch diese Forderung sein mag –, schaffte man auf diese Weise nicht wiederum Stereotype?

6.2.3 Eigenbeteiligung an der Herstellung von „Frau"

Die Diskussion um die Kategorie Geschlecht verdeutlicht, daß der/die einzelne am Prozeß der Herstellung von Geschlechtlichkeit direkt beteiligt ist. Insbesondere der Begriff des *doing gender* hebt das hervor.

Einige der Wissenschaftlerinnen, die sich auf einen ethnomethodologischen Zugang und *doing gender* stützen, um die soziale Konstruktion von Geschlecht zu beschreiben, relativieren mittlerweile das Potential, das theoretisch in diesem Ansatz steckt. Ihre Kritik bezieht sich auf zwei Gesichtspunkte: Auf ein mögliches Mißverstehen des Wortes „Konstruktion" und auf die Veränderbarkeit sozialer Wirklichkeit.

Gewarnt wird vor einer vereinfachenden Interpretation des Begriffes Konstruktion, die heißt: „Alles ist machbar". Hirschauer z.B. mahnt an, daß „die These von der sozialen Konstruktion der Zweigeschlechtlichkeit" nicht „zu einem ähnlichen Glaubensartikel ... wie die von der fundamentalen Differenz der Geschlechter" werden dürfe (Hirschauer 1993, S. 55). Er weist auf die Gefahr von Mißverständnissen hin, sollte man die soziale Konstruktion als „irreal" und „individuellem Belieben anheimgestellt" begreifen (ders. 1993, S. 56). Lindemann verweist darauf, daß die Veränderung sozialer Wirklichkeit schwierig ist und man sich hüten soll vor vereinfachenden Sichtweisen, „ ... die eine willkürliche Macht und damit Veränderbarkeit sozialer Wirklichkeit suggerieren" (dies. 1993, S. 52). Und auch

Hagemann-White warnt davor, Zweigeschlechtlichkeit als ein Konstrukt zu betrachten, dem zufolge jede und jeder „für sich und nach eigenem Wunsch" (dies. 1993, S. 70) sein/ihr Geschlecht herstellen kann, da eine derartige Sichtweise „Gewalt neutralisieren" und „Macht verharmlosen" würde (dies. 1993, S. 77). Diese Hinweise können keine Kritik an den Ausführungen Wests und Zimmermans (oder Butlers, auf die sich die genannten AutorInnen nicht explizit beziehen) sein, sondern gelten wohl für deren RezipientInnen: Weder West und Zimmerman noch Butler gehen von der völligen Freiheit des Individuums aus, beliebig die soziale Realität zu konstruieren.[1] Die Ansätze sind zwar radikal in der sex/gender-Unterscheidung, aber sie sind verschieden vom radikalen Konstruktivismus (s.o.). – Dem könnte man noch am ehesten „Beliebigkeit" in der Konstruktion vorwerfen.

Die Kritik von Hagemann-White, Lindemann und Hirschauer mag zwar berechtigt sein, ist aber auf der anderen Seite lähmend. Wenn man einerseits betont, daß individuelles Handeln zur Stabilität des Geschlechtersystems beiträgt und es reproduziert, andererseits die Struktur des Systems als so mächtig beschreibt, daß sie kaum veränderungsfähig ist, skizziert man ein Double-bind. Eine Veränderung des Geschlechterverhältnisses rückt somit in weite Ferne und scheint aufgrund des „veränderungsresistenten Hierarchieverhältnisses" zwischen den Geschlechtern kaum möglich. Hierbei wird nur ungenügend berücksichtigt, daß Individuen mehr Handlungsspielraum haben, als man gemeinhin annimmt.

---

[1] West und Zimmerman verweisen statt dessen auf die ihnen wichtige *sex category*, deren Bedeutung auf institutioneller und kultureller Ebene liegt. Sie heben hervor, daß *gender* eine machtvolle ideologische Kategorie ist, sie betonen das Moment der sozialen Kontrolle, das die Handlungen der/des einzelnen beeinflußt. Sie zeigen dabei auf, daß eine feste Sozialstruktur mit einer eindeutigen Hierarchie und Machtverteilung existiert. Sie weisen lediglich darauf hin, daß *doing gender* gerade dieses Gerüst trägt und somit weiterproduziert (West/Zimmerman 1991, S. 32 ff.).
Und auch Butler vertritt keinen Standpunkt der Beliebigkeit von Konstruktionen: „Die Behauptung, das Geschlecht *(gender)* sei performativ, bedeutet nicht, das Geschlecht sei Gegenstand einer *individuellen* Wahl. Im Gegenteil, das Geschlecht ist die zwingende, ständige Wiederholung kultureller Konventionen am Körper und durch den Körper, die man *niemals* gewählt hat. (...) Sie (soziale Konstruktion, P.K.) vollzieht sich durch verschiedene institutionelle und soziale Normen..." (Butler 1993a, S. 10).

6.3 Perspektiven eines sozialkonstruktivistischen Verständnisses von „Geschlecht" für Forschungsfragen

Daß aus einer sozialkonstruktivistischen Sicht auf „Geschlecht" ein differenztheoretisches Konzept wie das „weibliche Arbeitsvermögen" abgelehnt wird, dürfte deutlich geworden sein. Doch welche „anderen" Wege sollen in Zukunft beschritten werden?

Bisher gibt es dazu nur einzelne Vorschläge, von denen ich die wichtigsten erwähnen möchte. Den Theoretikerinnen, die ein sozialkonstruktivistisches Verständnis von Geschlecht im Anlehnung an die Ethnomethodologie haben, geht es in der Regel ebenfalls um die Frage, wie Geschlechterdifferenz hergestellt und gelebt wird. Dabei legen sie das Augenmerk auf die Rekonstruktion des Aneignungsprozesses von „Weiblichkeit" und „Männlichkeit", wobei Machtverteilung und die hierarchische Struktur innerhalb des Geschlechterverhältnisses analysiert werden sollen.

Gildemeister beispielsweise hält eine Analyseperspektive für geboten, „ ... in der Geschlechterdifferenzen prinzipiell als eine soziale Konstruktion gefaßt sind, deren Regeln im Prozeß der Sozialisation erworben werden" (dies. 1988, S. 501). Es sollen die Regelsysteme untersucht werden, die die Geschlechterdifferenz hervorbringen (vgl. dies. 1988, S. 499). Die Differenz zwischen den Geschlechtern, darauf weist sie ausdrücklich hin, wird nicht durch Forschung hervorgebracht, sondern „im Prozeß sozialisatorischer Interaktion erworben" (ebd.). Wichtig ist ihr auch der Begriff der Relativität, da die Stereotype über die Geschlechter flexibler als erwartet sind (vgl. Gildemeister 1988, S. 499).

Wetterer (1992) fordert ebenfalls das Einbeziehen der Geschlechterdifferenz in den Forschungsprozeß, um auf diesem Weg eine „Dekonstruktion der Differenz selbst" (dies. 1992, S. 31) zu ermöglichen[1], die sie als „Voraussetzung für einen Abbau der Geschlechterhierarchie" (dies. 1992, S. 31) betrachtet.

> „Zentral für einen theoretischen Ansatz, der die Geschlechterdifferenz als soziale Konstruktion begreift und auf deren Dekonstruktion abzielt, scheint mir zu sein, daß die Rekonstruktion von Prozessen der Vergeschlechtlichung auf allen Ebenen den *konstruktiven* Charakter des „doing gender" in den Mittelpunkt stellt; daß sie verdeutlicht, daß wir es in allen sozialen Prozessen – ob das einzelne Interaktionssituationen sind oder historische Professionalisierungsprozesse – immer zugleich mit einer *Re-Produktion* jeweils vorgefundener Strukturierungen des Geschlechterverhältnisses zu tun haben und mit deren *Neu-Produktion*." (Wetterer 1992, S. 33)

---

[1] Wetterer will „Dekonstruktion" nicht im diskurstheoretischen Sinne verstanden wissen, sondern beschreibt sie - m.E. sehr ungenau - als „analytische Radikalisierung bestimmter realer gesellschaftlicher Entwicklungen" (Wetterer 1992, S. 32).

Wichtig sind ihr vor allem zwei Dinge: Die „Fokussierung der Aufmerksamkeit auf Brüche und Widersprüche, auf Ungleichzeitigkeiten und Verwerfungen", wenn es um die Herstellung der zweigeschlechtlichen Struktur unserer sozialen Wirklichkeit geht, da sich darin der konstruktive Charakter des doing gender am deutlichsten zeigt (dies. 1992, S. 34), und die „Prozessualisierung der Begriffe und Konzepte" (ebd.), mit deren Hilfe Frauenforschung betrieben wird. Es soll um die Untersuchung von Vergeschlechtlichung gehen, nicht um die des Geschlechts. Wichtig ist ihr eine Betrachtungsweise, die die Geschlechterdifferenz in ihrem historischen Wandel untersucht und sie als abhängig von dem jeweiligen gesellschaftlichen Kontext betrachtet. Sie begründet dies damit, daß die Inhalte der Kategorie Geschlecht historisch variabel und beliebig sind, wohingegen sich die hierarchische Struktur des Geschlechterverhältnisses als äußerst stabil erweist.

Aus einer sozialkonstruktivistischen Perspektive schlägt Hagemann-White vor,

„ ... Differenz und Gleichheit der Geschlechter als dynamisches Gleichgewicht aufzufassen. Daraus würde eine Forschungsstrategie folgen, welche die Differenzperspektive abwechselnd ernst nimmt und außer Kraft setzt. Ernst nehmen heißt, die Unterscheidbarkeit und vermutete Unterschiedlichkeit von Frauen gegenüber Männern vorauszusetzen und sich auf deren einfühlsame Beschreibung einzulassen. Außer Kraft setzen müssen wir aber diese Perspektive, wenn wir die Befunde interpretieren und sie dann in einen weiterführenden Forschungsprozeß wieder einspeisen wollen: Im Lichte dieses Vorhabens wird all das, was »geschlechtstypisch« vorkam, als Mittel der Herstellung, Fortschreibung und persönlichen Darbietung von Geschlechterpolarität gelten müssen." (Hagemann-White 1993, S. 75)

Butler (1991; 1993) dagegen betreibt die Dekonstruktion des Geschlechts mittels Diskursanalyse[1]. Am wichtigsten ist hinsichtlich der „Frau als beforschtem Subjekt" an ihren Gedanken die Forderung, auf eine inhaltliche Bestimmung der Kategorie Frau zu verzichten – was Knapp (s. dies. 1988b, S. 24) ebenfalls verlangt.

Insgesamt betrachtet sind diese Perspektiven bisher weitgehend auf der Ebene theoretischer Überlegungen und Forderungen geblieben und haben wenig praktische Anwendung erfahren (s. Gildemeister 1988 und 1992; Hagemann-White 1993). Somit steht die Antwort auf die Frage aus, ob sie mehr bieten als eine *Kritik* an Erklärungsansätzen zur Geschlechterdifferenz.

---

[1] Das kann hier nur als Stichwort erwähnt werden; die Aufnahme der Diskussionen um „Feminismus und Postmoderne", die Butler maßgeblich mit beeinflußt, führten innerhalb dieser Arbeit zu weit.

Schlußbetrachtung

Was bringt die Auseinandersetzung mit der Kategorie Geschlecht? Zunächst einmal relativ viel Aufruhr innerhalb des feministischen Diskurses, da das Subjekt in Frage gestellt wird, zu dessen Emanzipation man angetreten ist: „die Frau". Sie ist als Analysekategorie einerseits erforderlich, andererseits jedoch ungeeignet, weil man dabei gleichzeitig das Pendant mitdenken muß: „den Mann". Hierbei verbleibt man innerhalb der symbolischen Ordnung der Zweigeschlechtlichkeit, die auf diese Weise reproduziert wird. Dies ist als Problem beschreibbar, doch es gibt keine Lösung dafür, da es sich um ein Paradox handelt.

Bei genauerer Betrachtung der Diskussionen um „das Geschlecht" kann man feststellen, daß die Aussagen zur Geschlechterdifferenz doch wesentlich weniger radikal sind, als es sich angesichts der Stellungnahmen (beispielsweise von Butler selbst und hinsichtlich der Kritik an ihr) vermuten läßt. *Relativität* wird innerhalb der Auseinandersetzung gefordert, wenn man die Übereinstimmung von Individuen mit geschlechtsspezifischen Stereotypen untersucht, da man dabei feststellt, daß kaum jemand sich so stereotyp verhält, wie man das gemeinhin annimmt. Ebenso *relativ* sind auch die Forderungen und Auswege, die ein sozialkonstruktivistisches Verständnis von „Geschlecht" zur Zeit bereitstellt: Keine der genannten Theoretikerinnen geht davon aus, daß Individuen frei und unabhängig ihre Geschlechtlichkeit wählen können, und niemand stellt die Basis unserer sozialen Realität, die aus Männern und Frauen besteht, ernsthaft in Frage. Statt dessen wird das symbolische System der Zweigeschlechtlichkeit mit seinen Normierungen und Zwängen als Bezugspunkt aller Individuen angesehen. Es bleibt selbst in der Negation erhalten, wenn *andere* Geschlechtsidentitäten *als* „Mann" oder „Frau" gefordert werden. Die Diskussion um die Kategorie Geschlecht hebt die Bedeutung des symbolischen Systems der Zweigeschlechtlichkeit hervor – und betont auf diesem Weg zugleich, daß es aus ihm kein Entrinnen gibt. Die Grenzen der Auseinandersetzung werden also mitgeliefert, da auch sie sich nur im Rahmen der symbolischen Ordnung bewegen kann.

Gerade weil das symbolische System der Zweigeschlechtlichkeit alle unsere Lebensbereiche durchdringt, ist es im Alltag und in der Forschung nicht möglich zu entscheiden, ob Geschlechtsspezifika nun „wirklich" vorhanden oder vielmehr konstruiert sind. Bei einem radikalkonstruktivistischen Verständnis sind sie Teil der selbst hervorgebrachten Wirklichkeit – stellt man sie an anderen fest, heißt das nicht, daß sie existieren. Ein sozialkonstruktivistisches Verständnis, das man in der Auseinandersetzung um die Kategorie Geschlecht beschreibt, begreift sie dagegen als real, da sie in Interaktionsprozessen hergestellt werden und jede/-r sich nur im

Rahmen der symbolischen Ordnung des Geschlechterverhältnisses bewegen kann. Diese symbolische Ordnung ist Bezugspunkt sowohl der zu erforschenden Subjekte als auch der Forscherin – da es keinen Ort jenseits der Ordnung gibt.

Das von mir als strukturelle Falle bezeichnete Paradox, daß jeder, der sich mit der Differenz zwischen den Geschlechtern beschäftigt, vorher eine Differenzierung vorgenommen hat, ist kein Spezifikum von Erklärungsansätzen zur Geschlechterdifferenz. Es betrifft ebenso Untersuchungen, die die Gleichheit zwischen Männern und Frauen nachweisen wollen, und auch ein sozialkonstruktivistisches Verständnis von Geschlecht kommt nicht umhin, die soziale Wirklichkeit mit den Begriffen *Frau, Mann, Weiblichkeit* und *Männlichkeit* zu beschreiben.

Eines halte ich mittlerweile für erwiesen: Wir werden weder mit Sicherheit sagen können, daß Frauen Männern gleich sind, noch ist eindeutig zu bestätigen, daß Frauen und Männer verschieden sind (hinsichtlich ihrer Fähigkeiten, Denkmuster, Werte etc.). Wir treffen anhand bestimmter Kriterien die Entscheidung, Subjekte nach „Mann" und „Frau" zu differenzieren – und diese macht einen Sinn: Wir werden nicht generell um Differenzierungen umhinkommen, da wir ohne sie als vereinfachende Hilfestellung in unserer sozialen Wirklichkeit nicht zurechtkämen; vermutlich könnten wir ohne sie gar nicht interagieren.

Die Debatte um *Gleichheit* oder *Differenz* der Geschlechter führt letztendlich zu keinem befriedigenden Ergebnis: Gleichheit und Differenz sind ebenfalls ein Oppositionspaar innerhalb eines binären Codes; sie bilden zwei Seiten einer Medaille, die implizit aufeinander verweisen müssen. Wann immer wir Gleichheit denken, taucht im Hintergrund auch schon die Differenz auf ...

Die Diskussion um die Kategorie Geschlecht kann auf dieses Problem aufmerksam machen, dennoch mogelt man sich um die Frage nach Gleichheit oder Differenz der Geschlechter herum, indem die Prozesse und Regeln, nach denen Geschlechtlichkeit angeeignet, gelebt und produziert wird, aufgedeckt werden sollen: Das wird dann gelegentlich mit dem Begriff Dekonstruktion versehen. Gegenüber einem Konzept wie dem des „weiblichen Arbeitsvermögens" bietet diese Herangehensweise dennoch Vorzüge: Zum einen wird nicht nach einer Ursprungshypothese gefragt, die die Begründung dafür liefert, weshalb Frauen oder Männer so geworden sind, wie sie sich zu geben pflegen. Und vor allem sollen Machtverteilung und Hierarchie im Geschlechterverhältnis bei feministischen Analysen berücksichtigt werden, da sich die hierarchischen Strukturen der Geschlechterverhältnisse bisher als veränderungsresistent bewiesen haben. Das verändert seinerseits das Machtgefälle zwischen Männern und Frauen nicht, kann aber zumindest verdeutlichen, daß eine positive Umbewertung „weiblicher" Fähigkeiten keine Chance in einem System hat, in dem „das Weibliche" immer „das Andere", und zwar das Sekundäre, darstellt. Mit Hilfe einer historischen Betrachtung ist das belegbar: Selbst wenn die Inhalte von „männlich" bzw. „weiblich" nicht konstant bleiben, was man anhand des „Geschlechtswechsels von Berufen" (s. Gildemeister/Wetterer 1992, S. 222 ff.) nachvollziehen kann, gelingt es doch immer wieder, das „männliche" als das dominante Stereotyp zu etablieren.

Die geforderten Perspektiven für feministische Forschung nehmen sich zur Zeit noch als Schlagworte aus: Es geht um Rekonstruktion der Aneignungsmodi von Geschlechtlichkeit, Historisierung und Kontextualisierung der Inhalte der jeweiligen Geschlechtskategorie, um Berücksichtigen und Außer-Kraft-Setzen der Zweigeschlechtlichkeit und vor allem um machttheoretische Zugänge, um die Dimensionen der Geschlechterverhältnisse zu erfassen. Da die empirische Berücksichtigung weitgehend aussteht, läßt sich zur Zeit nicht sagen, ob langfristig die gleichen Weiblichkeitskonstruktionen aufrecht erhalten bleiben, neue erschaffen werden oder es gelingt, sie zu dekonstruieren.

Die Folgerung, auf geschlechtsspezifische Analysen zu verzichten, wäre falsch: Wenn man die Benachteiligung von Frauen, ihre Situationen, Lebensumstände, ihre strukturelle Unterlegenheit in einem hierarchisch gegliederten System beschreiben will, kommt man nicht umhin, auf eine ihnen spezifische Lage zu verweisen. Und wie sollte man feministische Wissenschaft, der es um Gleichberechtigung und Emanzipation geht, von „herkömmlicher männlicher" unterscheiden können, wenn sie nicht nach Männern und Frauen differenzierte?

Ob man dabei die Geschlechterdifferenz zementiert, hängt davon ab, inwiefern man es schafft, auf Seinsbeschreibungen im Sinne von „Frauen sind ..." zu verzichten, und inwiefern man verdeutlicht, daß diese Stereotype kein Abbild „der" Realität sind. Statt dessen müßte gerade nachgewiesen werden, daß und wie häufig Menschen sich gerade nicht geschlechtsspezifisch verhalten. In dieser Hinsicht ist und bleibt ein Konzept wie das „weibliche Arbeitsvermögen", trotz nachgeschobener Relativierungen, für Frauen ungünstig, da in ihm Brüche und Konflikte nicht thematisiert werden und vor allem nicht darauf hingewiesen wird, wie viele Frauen eben nicht diesem Idealtypus entsprechen.

Geschlechtsspezifische Analysen sind nach wie vor notwendig, um das Hierarchiegefälle zwischen Männern und Frauen aufzudecken. Inwiefern man dabei eine Weiblichkeit konstruiert, die der Emanzipation entgegensteht (oder sie möglicherweise sogar dekonstruiert), ist davon abhängig, was man als emanzipatorisches Ziel auffaßt. Und das kann jede nur für sich entscheiden. Beck-Gernsheim und Ostner haben mit dem Konzept vom „weiblichen Arbeitsvermögen" vermutlich ihr Emanzipationsideal beschrieben: Eine Welt, in der Männer „männlich" und Frauen „weiblich" sind, wobei „Männlichkeit" und „Weiblichkeit" den altbekannten Stereotypen entsprechen; ihre Vorstellung von Emanzipation liegt (oder lag, vielleicht hat sich das mittlerweile verändert) in einer Differenz, in der „das Männliche" und „das Weibliche" gleichberechtigt nebeneinander existieren sollen. Meinem Verständnis von Emanzipation nach haben sie den Frauen damit keinen guten Dienst erwiesen.

Vorerst schließe ich mich der Forderung an, es müsse um die Rekonstruktion des Aneignungsmodus' von Geschlechtlichkeit gehen – auch wenn man damit zwangsläufig eine Verschiedenheit von „Männlichkeit" und „Weiblichkeit" voraussetzt – und hoffe, daß man damit „das Geschlecht" „seiner Selbstverständlichkeit beraubt" (Bilden 1991, S. 291). Aufgrund des derzeitigen Forschungsstandes plädiere ich dennoch dafür, Untersuchungen zu Gleichheit und Differenz und Dekonstruktionsversuche nebeneinander stehen zu lassen und sich nicht gegenseitig die schlechtere feministische Perspektive anzuhängen. Es gibt nicht die allumfassende Theorie, und um nicht wieder vom Standpunkt der *Wahrheit* aus zu sprechen, sollten die verschiedenen Herangehensweisen zugelassen werden. Verstärkt müßte es darum gehen, die Vor- und Nachteile des *jeweiligen* Ansatzes aufzuzeigen, die Grundannahmen offenzulegen und sich der Grenzen der Herangehensweisen bewußt zu sein.

Eine „sozialkonstruktivistische Weltsicht und Wissenschaftstheorie" (Bilden 1991, S. 290) bietet zahlreiche Vorteile:

> „Gesellschaft und Individuum werden nicht, wie in unserem Alltagsdenken und im Sozialisationsdiskurs üblich, getrennt; gesellschaftliches Leben erscheint in Form von strukturierten Prozessen: sozialen Praktiken, an denen die Individuen ihren Anteil haben." (ebd.)

Hier schließt sich der Kreis zur Pädagogik: Gerade die individuellen Handlungsmöglichkeiten sind bedeutend, denn es kommt auf die Wechselwirkungen in Erziehungs- und in Bildungsprozessen an. Wir selbst bestimmen mit, wie wir uns und unsere Geschlechtlichkeit konstituieren, und wir haben auch Anteil daran, welche Möglichkeiten der Identitätsbildungen sich anderen erschließen. Indem wir verdeutlichen, wie wenig geschlechtsstereotyp wir oftmals leben und uns verhalten, können wir aufzeigen, daß es individuell (und vielleicht irgendwann kollektiv) ein Leben jenseits der Stereotype gibt. Ein sozialkonstruktivistisches Verständnis von Geschlecht ermöglicht es, sich selbst für andere „Wirklichkeiten" und Interpretationen zu sensibilisieren. Es verdeutlicht, daß sich Kinder weniger geschlechtsspezifisch verhalten, als wir vermuten – und daß, wenn sie es doch tun, auch wir unseren Beitrag dazu leisten. Indem und so wie wir die symbolische Ordnung der Zweigeschlechtlichkeit leben und reproduzieren, gestalten wir den Rahmen, in dem sich die Aneignungsprozesse von Geschlechtlichkeit vollziehen: Betroffen davon sind sowohl Kinder, die in das System hineinwachsen, als auch wir, die sich selbst lebenslang sozialisieren.

Ein konstruktivistisches Verständnis heißt nicht, daß „alles machbar" ist; aber auch in bezug auf geschlechts*un*spezifisches Verhalten ist *mehr* möglich, als man denkt.

Literaturverzeichnis:

Alfermann, Dorothee: Frauen in der Attributionsforschung: Die fleißige Liese und der kluge Hans. In: Krell, G./Osterloh, M. (Hrsg.), a.a.O., S. 301-317.

Arbeitskreis Sozialwissenschaftliche Arbeitsmarktforschung (SAMF) (Autorinnengemeinschaft): Erklärungsansätze zur geschlechtsspezifischen Strukturierung des Arbeitsmarktes. Paderborn: Arbeitspapiere aus dem Arbeitskreis SAMF 1990. (= Arbeitspapier 1990-1).

Barrett, Michèle: »Differenz« und Differenzen. Drei Bedeutungen eines Begriffs. In: Hauser, K. (Hrsg.), a.a.O., S. 108-123.

Beauvoir, Simone de: Das andere Geschlecht. Sitte und Sexus der Frau. Reinbek bei Hamburg: Rowohlt Taschenbuch Verlag 1983 (franz. Orig. 1949).

Beck-Gernsheim, Elisabeth (1976): Der geschlechtsspezifische Arbeitsmarkt. Zur Ideologie und Realität von Frauenberufen. Frankfurt am Main: aspekte verlag 1976 (= Arbeiten aus dem Sonderforschungsbereich 101 der Universität München).

Beck-Gernsheim, Elisabeth/Ostner, Ilona (1978): Frauen verändern – Berufe nicht? Ein theoretischer Ansatz zur Problematik von „Frau und Beruf". Soziale Welt, 29 (1978) 3, S. 257-287.

Belenky, Mary Field u.a.: Das andere Denken. Persönlichkeit, Moral und Intellekt der Frau. Frankfurt/Main, New York: Campus Verlag 1989 (amerik. Orig. 1986).

Bennholdt-Thomsen, Veronika: Die Zukunft der Frauenarbeit und die Gewalt gegen Frauen. Beiträge zur feministischen Theorie und Praxis, Köln, 6 (1983) 9/10, S. 207-222.

Berger, Peter L./Luckmann, Thomas: Die gesellschaftliche Konstruktion der Wirklichkeit. Eine Theorie der Wissenssoziologie. 6. Aufl. (unveränd. Übernahme der 5.Aufl.) Frankfurt am Main: Fischer Taschenbuch Verlag 1980 (amerik. Orig. 1966).

Bilden, Helga (1980): Geschlechtsspezifische Sozialisation. In: Handbuch der Sozialisationsforschung. Hrsg.: K. Hurrelmann/D. Ulich. Weinheim und Basel: Beltz Verlag 1980, S. 777-812.

Bilden, Helga (1991): Geschlechtsspezifische Sozialisation. In: Neues Handbuch der Sozialisationsforschung. Hrsg.: K. Hurrelmann/D. Ulich. 4., völlig neubearb. Aufl. Weinheim und Basel: Beltz Verlag 1991, S. 279-301.

Blossfeld, Hans Peter: Der Wandel von Ausbildung und Berufseinstieg bei Frauen. In: Vom Regen in die Traufe: Frauen zwischen Beruf und Familie. Hrsg.: K.U. Mayer; J. Allmendinger; J. Huinink. Frankfurt/Main, New York: Campus Verlag 1991, S. 1-21. (= Reihe »Lebensverläufe und gesellschaftlicher Wandel«).

Brück, Brigitte u.a.: Feministische Soziologie. Eine Einführung. Frankfurt/Main, New York: Campus Verlag 1992. (= Reihe Campus Studium. 1063).

Brückner, Margrit: Sozialmanagement – Der neue Blick auf soziale Arbeit. In: Frauen und Sozialmanagement. Hrsg.: dies. 2., unveränd. Aufl. Freiburg im Breisgau: Lambertus-Verlag 1993, S. 7-19.

Butler, Judith (1991a): Das Unbehagen der Geschlechter. 1. dt. Aufl. Frankfurt am Main: Suhrkamp 1991 (amerik. Orig. 1990).

Butler, Judith (1991b): Variationen zum Thema Sex und Geschlecht. Beauvoir, Wittig und Foucault. In: Nunner-Winkler (Hrsg.), a.a.O., S. 56-76.

Butler, Judith (1993a): Ort der politischen Neuverhandlung. Der Feminismus braucht „die Frauen", aber er muß nicht wissen, „wer" sie sind. Frankfurter Rundschau. Nr. 176 vom 27.7.1993, S. 10.

Butler, Judith (1993b): Kontingente Grundlagen: Der Feminismus und die Frage der »Postmoderne«. In: Der Streit um Differenz. Feminismus und Postmoderne in der Gegenwart. Hrsg: S. Benhabib u.a. Frankfurt am Main: Fischer Taschenbuch Verlag 1993.

Carl-Friedrich-von-Siemens-Stiftung: Einführung in den Konstruktivismus. München: R.Oldenbourg Verlag 1985. (= Schriften der Carl-Friedrich-von-Siemens-Stiftung. 10).

DIOTIMA, Philosophinnengruppe aus Verona: Der Mensch ist zwei. Das Denken der Geschlechterdifferenz. Übers. aus dem Ital. v. V. Mariaux. Wien: Wiener Frauenverlag 1989 (ital. Orig. 1987) (= Reihe Frauenforschung. 11).

DUDEN. Fremdwörterbuch. Herausgegeben vom Wissenschaftlichen Rat der Dudenredaktion: Drosdowski, Günther u.a. 5., neu bear. u. erw. Aufl. Mannheim, Wien, Zürich: Dudenverlag 1990.

Duden, Barbara: Die Frau ohne Unterleib: Zu Judith Butlers Entkörperung. Ein Zeitdokument. Feministische Studien, Weinheim, 11 (1993) 2, S. 24-33.

Foerster, Heinz von: Das Konstruieren einer Wirklichkeit. In: Watzlawick, P. (Hrsg.), a.a.O., S. 39-60.

Gerson, Judith M.: Sex does not Equal Gender: Issues of Conceptualization and Measurement. In: Krüger, M. (Hrsg.), a.a.O., S. 121-138.

Gildemeister, Regine (1988): Geschlechtsspezifische Sozialisation. Soziale Welt, Göttingen, 39 (1988) 4, S. 486-503.

Gildemeister, Regine (1992): Die soziale Konstruktion von Geschlechtlichkeit. In: Feministische Vernunftkritik. Ansätze und Traditionen. Hrsg.: I. Ostner; K. Lichtblau. Frankfurt a.Main, New York: Campus Verlag 1992, S. 220-239.

Gildemeister, Regine; Wetterer, Angelika (1992): Wie Geschlechter gemacht werden. Die soziale Konstruktion der Zweigeschlechtlichkeit und ihre Reifizierung in der Frauenforschung. In: Knapp, G.-A./Wetterer, A. (Hrsg.), a.a.O., S. 201-254.

Gilligan, Carol: Die andere Stimme: Lebenskonflikte und Moral der Frau. 2. Aufl. München, Zürich: Piper Verlag 1985 (amerik. Orig. 1982).

Glasersfeld, Ernst von (1985): Konstruktion der Wirklichkeit und des Begriffs der Objektivität. In: Carl-Friedrich-von-Siemens-Stiftung, a.a.O., S. 1-26.

Glasersfeld, Ernst von (1991): Einführung in den radikalen Konstruktivismus. In: Watzlawick, P.(Hrsg.), a.a.O., S. 16-38.

Goffman, Erving: The Arrangement between the Sexes. Theory and Society. Renewal and critique in social theory, Amsterdam, 4 (1977) 3, pg. 301-331.

Gottschall, Karin: Vom 'weiblichen Arbeitsvermögen' zur 'doppelten Vergesellschaftung' – Zur Rezeption und Kritik eines für die Frauenarbeitsforschung zentralen Paradigmas, In: Arbeitskreis sozialwissenschaftliche Arbeitsmarktforschung (Autorinnengemeinschaft), a.a.O., S. 40-53.

Hagemann-White, Carol (1984): Sozialisation: Weiblich–männlich? Opladen: Leske und Budrich 1984 (= Alltag und Biographie von Mädchen. 1).

Hagemann-White, Carol (1988): Wir werden nicht zweigeschlechtlich geboren... In: FrauenMännerBilder. Männer und Männlichkeit in der feministischen Diskussion. Hrsg.: C. Hagemann-White/Maria S. Rerrich. Bielefeld: AJZ Druck und Verlag 1988, S. 224-235.

Hagemann-White, Carol (1990): Weiblichkeit, Leiblichkeit und die kulturelle Konstruktion der Geschlechterpolarität. In: Geschlechterverhältnisse in Gesellschaft und Therapie. Hrsg.: H. Brandes/C. Franke. Münster: Lit Verlag 1990, S. 22-36. (= Gruppenpsychotherapie & Gesellschaft. 2).

Hagemann-White, Carol (1993): Die Konstrukteure des Geschlechts auf frischer Tat ertappen? Methodische Konsequenzen einer theoretischen Einsicht. Feministische Studien, Weinheim, 11 (1993) 2, S. 68-78.

Haraway, Donna: Geschlecht, Gender, Genre. Sexualpolitik eines Wortes. In: Hauser, K. (Hrsg.), a.a.O., S. 22-41.

Harding, Sandra (1991): Die auffällige Übereinstimmung feministischer und afrikanischer Moralvorstellungen. Eine Herausforderung für feministische Theoriebildung. In: Nunner-Winkler, G. (Hrsg.), a.a.O., S. 162-189.

Hauser, Kornelia (Hrsg.): Viele Orte. Überall? Feminismus in Bewegung. Festschrift für Frigga Haug. 1.Aufl. Berlin, Hamburg: Argument Verlag 1987.

Henecka, Hans Peter: Grundkurs Soziologie. Opladen: Leske und Budrich 1985. (= UTB für Wissenschaft: Uni-Taschenbücher. 1323).

Hirschauer, Stefan (1989): Die interaktive Konstruktion von Geschlechtszugehörigkeit. Zeitschrift für Soziologie, Stuttgart, 18 (1989) 2, S. 100-118.

Hirschauer, Stefan (1993): Dekonstruktion und Rekonstruktion. Plädoyer für die Erforschung des Bekannten. Feministische Studien, Weinheim, 11 (1993) 2, S. 55-67.

Keller, Evelyn Fox: Wissenschaftstheorie in feministischer Perspektive. In: Krüll, M. (Hrsg.), a.a.O., S. 115-133.

Kessler, Suzanne J.; McKenna, Wendy: Gender: An Ethnomethodological Approach. New York, Chichester, Brisbane, Toronto: John Wiley & Sons 1978.

Kleber, Michaela: Arbeitsmarktsegmentation nach dem Geschlecht. In: Krell, G./Osterloh, M. (Hrsg.), a.a.O., S. 85-106.

Klinger, Cornelia: Bis hierher und wie weiter? Überlegungen zur feministischen Wissenschafts- und Rationalitätskritik. In: Krüll, M. (Hrsg.), a.a.O., S. 21-56.

Knapp, Gudrun Axeli (1988 a): Das Konzept „weibliches" Arbeitsvermögen – theoriegeleitete Zugänge, Irrwege, Perspektiven. ifg Frauenforschung, Bielefeld, 6 (1988) 4, S. 8-19.

Knapp, Gudrun-Axeli (1988 b): Die vergessene Differenz. Feministische Studien, Weinheim, 6 (1988) 1, S. 12-31.

Knapp, Gudrun Axeli (1989): Arbeitsteilung und Sozialisation: Konstellationen von Arbeitsvermögen und Arbeitskraft im Lebenszusammenhang von Frauen. In: Klasse Geschlecht. Feministische Gesellschaftsanalyse und Wissenschaftskritik. Hrsg.: U. Beer. 2. Aufl. Bielefeld: AJZ-Verlag/FF1 1989, S. 267-308.

Knapp, Gudrun-Axeli (1992): Macht und Geschlecht. Neuere Entwicklungen in der feministischen Macht- und Herrschaftsdiskussion. In: Knapp, G.-A./Wetterer, A. (Hrsg.), a.a.O., S. 287-325.

Knapp, Gudrun-Axeli; Wetterer, Angelika (Hrsg.): TraditionenBrüche. Entwicklungen feministischer Theorie. Freiburg (Breisgau): Kore Verlag 1992. (= Forum Frauenforschung Bd.6 (Schriftenreihe der Sektion Frauenforschung in der Deutschen Gesellschaft für Soziologie)).

Krell, Gertraude; Osterloh, Margit (Hrsg.): Personalpolitik aus der Sicht von Frauen – Frauen aus der Sicht der Personalpolitik: was kann die Personalforschung von der Frauenforschung lernen? München; Mering: Hampp 1992 (= Sonderband 1992 der Zeitschrift für Personalforschung).

Krüger, Marlis (Hrsg.): Was heißt hier eigentlich feministisch? Zur theoretischen Diskussion in den Geistes- und Sozialwissenschaften. Bremen: Donat Verlag 1993 (= Feministische Bibliothek. 1 (Schriftenreihe der WE Frauenforschung der Universität Bremen)).

Krüger, Marlis (1993a): Vorwort. In: dies. (Hrsg.), a.a.O., S. 7-9.

Krüger, Marlis (1993b): Über die Notwendigkeit feministischer (Selbst-)Reflexion. In: dies. (Hrsg.), a.a.O., S. 11-27.

Krüll, Marianne (Hrsg.): Wege aus der männlichen Wissenschaft: Perspektiven feministischer Erkenntnistheorie. Pfaffenweiler: Centaurus-Verl.-Ges. 1990 (= Feministische Theorie und Politik. 5).

Krüll, Marianne: Das rekursive Denken im radikalen Konstruktivismus und im Feminismus. In: dies. (Hrsg.), a.a.O., S. 97-114.

Landweer, Hilge: Kritik und Verteidigung der Kategorie Geschlecht. Wahrnehmungs- und symboltheoretische Überlegungen zur sex/gender-Unterscheidung. Feministische Studien, Weinheim, 11 (1993) 2, S. 34-43.

Landweer, Hilge/Rumpf, Mechthild: Kritik der Kategorie >Geschlecht<. Streit um Begriffe, Streit um Orientierungen, Streit der Generationen? Einleitung. Feministische Studien, Weinheim, 11 (1993) 2, S. 3-9.

Lindemann, Gesa (1993a): Wider die Verdrängung des Leibes aus der Geschlechtskonstruktion. Feministische Studien, Weinheim, 11 (1993) 2, S. 44-54.

Lindemann, Gesa (1993b): Der Körper und der Feminismus. Judith Butlers Begriff des „leiblichen Stils" bleibt unzureichend. Frankfurter Rundschau. Nr. 135 vom 15.6.1993, S. 10.

Lorber, Judith; Farrell, Susan A. (Ed.): The Social construction of gender. Newbury Park, London, New Delhi: Sage Publications 1991.

Lorber, Judith; Farrell, Susan A.: Preface. In: dies. (Ed.), a.a.O., S. 1-5.

Lorber, Judith; Farrell, Susan A.: Principles of Gender Construction. In: dies. (Ed.), a.a.O., S. 7-11.

Lorey, Isabell: Der Körper als Text und das aktuelle Selbst: Butler und Foucault. Feministische Studien, Weinheim, 11 (1993) 2, S. 10-23.

Luhmann, Niklas: Frauen, Männer und George Spencer Brown. Zeitschrift für Soziologie, Bielefeld, 17 (1988) 1, S. 47-71.

Maturana, Humberto R.; Varela, Francisco J.: Der Baum der Erkenntnis. Die biologischen Wurzeln des menschlichen Erkennens. 3.Aufl. Bern und München: Goldmann Verlag 1991 (span. Orig 1984).

Mead, Margaret: Mann und Weib. Das Verhältnis der Geschlechter in einer sich wandelnden Welt. 12. Aufl. Hamburg: Rowohlt Taschenbuch Verlag 1979 (Orig. 1958).

Nagl-Docekal, Herta: Geschlechterparodie als Widerstandsform? Judith Butlers Kritik an der feministischen Politik beruht auf einem Trugschluß. Frankfurter Rundschau. Nr. 147 vom 29.6.1993, S. 12.

Nüse, Ralf u.a.: Über die Erfindung/en des Radikalen Konstruktivismus. Kritische Gegenargumente aus psychologischer Sicht. Weinheim: Deutscher Studien Verlag 1991.

Nunner-Winkler, Gertrud (Hrsg.): Weibliche Moral. Die Kontroverse um eine geschlechtsspezifische Ethik. Frankfurt/Main, New York: Campus Verlag 1991 (= Theorie und Gesellschaft. 19).

Ostner, Ilona (1978): Beruf und Hausarbeit. Die Arbeit der Frau in unserer Gesellschaft. Frankfurt/Main; New York: Campus Verlag 1978 (= Arbeiten aus dem Sonderforschungsbereich 101 der Universität München).

Ostner, Ilona (1990): Das Konzept des weiblichen Arbeitsvermögens. In: Arbeitskreis sozialwissenschaftliche Arbeitsmarktforschung (Autorinnengemeinschaft), a.a.O., S. 22-39.

Ostner, Ilona (1991): „Weibliches Arbeitsvermögen" und soziale Differenzierung. Leviathan, Wiesbaden, 19 (1991) 2, S. 192-207.

Ostner, Ilona (1992): Zum letzten Male: Anmerkungen zum „weiblichen Arbeitsvermögen". In: Krell, G./Osterloh, M. (Hrsg.), a.a.O., S. 107-121.

Ostner, Ilona; Beck-Gernsheim, Elisabeth (1979): Mitmenschlichkeit als Beruf. Eine Analyse des Alltags in der Krankenpflege. Frankfurt/Main, New York: Campus Verlag 1979 (= Studie des Sonderforschungsbereichs 101 (Sozialwissenschaftl. Berufs- und Arbeitskräfteforschung)).

Rabe-Kleberg, Ursula: Sozialer Beruf und Geschlechterverhältnis. Oder: Soziale Arbeit zu einem Beruf für Frauen machen! In: Frauen in sozialer Arbeit. Hrsg.: Chr. Cremer u.a. Weinheim/München: Juventa Verlag 1990, S. 60-71.

Rödig, Andrea: Geschlecht als Kategorie. Überlegungen zum philosophisch-feministischen Diskurs. Feministische Studien, Weinheim, 11 (1993) 2, S. 105-112.

Rubin, Gayle: The Traffic in Women: Notes on the „Political Economy" of Sex. In: Rayna R. Reiter (Ed.): Toward an Anthropology of Women. New York, London: Monthly Review Press 1975, pages 157-209.

Segal, Lynne: Ist die Zukunft weiblich? Probleme des Feminismus heute. 1. Aufl. Frankfurt am Main: Fischer Taschenbuch Verlag 1989 (amerik. Orig. 1987).

Seifert, Ruth: Entwicklungslinien und Probleme der feministischen Theoriebildung. Warum an der Rationalität kein Weg vorbeiführt. In: Knapp, G.A./Wetterer, A. (Hrsg.), a.a.O., S. 255-285.

Störig, Hans-Joachim: Kleine Weltgeschichte der Philosophie. Erweiterte Neuausgabe. Frankfurt am Main: Fischer Taschenbuch Verlag 1992.

Tyrell, Hartmann: Geschlechtliche Differenzierung und Geschlechterklassifikation. Kölner Zeitschrift für Soziologie und Sozialpsychologie, Köln, Opladen, 38 (1986) 3, S. 450-489.

Vinken, Barbara: Geschlecht als Maskerade. Judith Butler stellt natürliche Identitäten in Frage. Frankfurter Rundschau. Nr. 102 vom 4.5.1993, S. 10.

Wallisch-Prinz, Bärbel: Matriarchat und Patriarchat: Zwei Paradigmen der modernen Sozialwissenschaften. In: Krüger, Marlis (Hrsg.), a.a.O., S. 28-42.

Watzlawick, Paul (Hrsg.) : Die erfundene Wirklichkeit. Wie wissen wir, was wir zu wissen glauben? 7. Aufl. München: Piper 1991.

Watzlawick, Paul (1991): Vorwort. In: ders., a.a.O., S. 9-11.

Watzlawick, Paul; Kreuzer, Franz (1993): Die Unsicherheit unserer Wirklichkeit. Ein Gespräch über den Konstruktivismus. 4. Aufl. München: Piper 1993 (orig. 1981).

Weir, Allison: Viele Formen der Identität. Judith Butler untergräbt ihre eigene Forderung nach Subversion. Frankfurter Rundschau. Nr. 114 vom 18.5.1993, S. 8.

West, Candace; Zimmerman, Don H. (1987): Doing gender. Gender & Society, 1 (1987) 2, pg. 125-151.

West, Candace; Zimmerman, Don H. (1991): Doing gender. In: J. Lorber; S. A. Farrell (Ed.), a.a.O., S. 13-37.

Wetterer, Angelika: Theoretische Konzepte zur Analyse der Marginalität von Frauen in hochqualifizierten Berufen und Professionen. In: Profession und Geschlecht. Über die Marginalität von Frauen in hochqualifizierten Berufen. Hrsg.: dies. Frankfurt am Main, New York: Campus Verlag 1992, S. 13-40.

Weiterführende Literatur:

Beck-Gernsheim, Elisabeth: Das halbierte Leben. Männerwelt Beruf, Frauenwelt Familie. Frankfurt am Main: Fischer Taschenbuch Verlag 1989 (Orig.1980).

Chodorow, Nancy: Das Erbe der Mütter. Psychoanalyse und Soziologie der Geschlechter. 3. Aufl. München: Frauenoffensive 1990 (amerik. Orig. 1978).

Knapp, Gudrun Axeli: Der „weibliche Sozialcharakter" – Mythos oder Realität? Soziologische und sozialpsychologische Aspekte des Sozialcharakter-Konstrukts. In: Krüger, M. (Hrsg.), a.a.O., S. 93-120.

Krais, Beate: Geschlechterverhältnis und symbolische Gewalt. In: Gebauer, Günter; Wulf, Christoph (Hrsg.): Neue Perspektiven im Denken Pierre Bourdieus. Frankfurt am Main: Suhrkamp 1993, S. 208-250. (= Sonderdruck Praxis und Ästhetik).

Luhmann, Niklas: Soziale Systeme: Grundriß einer allgemeinen Theorie. 2. Aufl. Frankfurt am Main: Suhrkamp 1985.

Mies, Maria: Frauenforschung oder feministische Forschung? Die Debatte um feministische Wissenschaft und Methodologie. Beiträge zur feministischen Theorie und Praxis, Köln, 7 (1984) 11, S. 40-60.

Saussure, Ferdinand de: Grundfragen der allgemeinen Sprachwissenschaft. Berlin und Leipzig: Walter de Gruyter & Co 1931.

Weedon, Chris: Wissen und Erfahrung. Feministische Praxis und poststrukturalistische Theorie. 2. Aufl. Zürich: eFeF-Verl. 1991.

NEUAUFLAGE 2001

Ursula Pasero / Friederike Braun (Hg.)
Konstruktion von Geschlecht

Frauen.Männer.Geschlechterverhältnisse. Schriftenreihe des Zentrums für interdisziplinäre Frauenforschung der Christian-Albrechts-Universität zu Kiel, Band 1, 2. Auflage 2001, 226 Seiten, br., ISBN 3-8255-0016-0, EUR 25,46 / sFr 51,20

Auf der Grundlage konstruktivistischer und ethnomethodologischer Ansätze hat mittlerweile auch in der Frauenforschung Deutschlands ein Paradigmenwechsel stattgefunden. Nach dem Defizit-, Dominanz- und Differenzmodell wird das Verhältnis der Geschlechter im postfeministischen Diskurs nun als eine kulturell erzeugte Polarität begriffen. Forschung und Kritik zielen dabei auf das Alltagsverständnis von Geschlecht als einer unabhängigen, natürlichen Größe und treffen auf diese Weise erstmals die Kategorie selbst. Über die Grenzen der einzelnen wissenschaftlichen Disziplinen hinweg zeigt sich große Übereinstimmung, die Kategorie ‚Geschlecht' als ein kulturelles Konstrukt aufzufassen, das von den Individuen je nach Kontext in unterschiedlich starkem Maße aktiviert und neutralisiert wird. Die in diesem Band versammelte Vielfalt theoretischer Aspekte aus Biologie, Psychologie, Soziologie und Linguistik verdeutlicht, wie fruchtbar eine interdisziplinäre Herangehensweise für den theoretischen Ansatz der Geschlechtskonstruktion ist.

Aus dem Inhalt: *Biologische Grundlagen der Geschlechterdifferenz (K. Christiansen). Männlich – Weiblich – Menschlich. Androgynie und die Folgen (D. Alfermann). Dethematisierung von Geschlecht (U. Pasero). Dekonstruktion und Rekonstruktion. Plädoyer für die Erforschung des Bekannten (S. Hirschauer). Geschlechterforschung und Systemtheorie (A. Kieserling). Geschlecht und Gestalt. Der Körper als konventionelles Zeichen der Geschlechterdifferenz (G. Lindemann). Verbal Hygiene for Women: Performing Gender Identity (D. Cameron). F-R-A-U buchstabieren. Die Kategorie ‚Geschlecht' in der feministischen Linguistik (K. Frank). Die Konstrukteure des Geschlechts auf frischer Tat ertappen? Methodische Konsequenzen aus einer theoretischen Einsicht (C. Hagemann-White). Das Geschlecht (bei) der Arbeit. Zur Logik der Vergeschlechtlichung von Berufsarbeit (A. Wetterer).*

NEUAUFLAGE 2001

Elvira Willems (Hg.)
Annemarie Schwarzenbach
Autorin – Reisende – Fotografin
2. Auflage 2001, 260 Seiten, Abb., br.,
ISBN 3-8255-0246-5, EUR 20,40 / sFr 37,–

Annemarie Schwarzenbach (1908-1942): Den einen war sie ein unbequemer, untröstlicher, verödeter Engel mit schönem Gesicht, andere belächelten sie müde ob ihres literarischen Könnens als „unbedeutende Schriftstellerin". Sie wird intelligent genannt und sensibel; ihr Blick sei von unsäglicher Melancholie gewesen, Annemarie Schwarzenbach, die namenlos Traurige. Seit ihrer literarischen „Wiederentdeckung" durch die Neuherausgabe ihrer Romane, Erzählungen, Fotografien, Reisefeuilletons und Reportagen ist das Interesse an der Autorin und die Auseinandersetzung mit ihrem Werk stets gestiegen.

Der Band dokumentiert das Annemarie-Schwarzenbach-Symposium, das 1998 in Sils im Engadin stattfand. Die 15 Beiträge von Schwarzenbach-Experten aus aller Welt dokumentieren den aktuellen Stand der Schwarzenbach-Forschung unter den Aspekten Biographie und Beziehung, Homosexualität, Prosa, Reiseliteratur und Fotografie.

Mit Beiträgen von: *Gabriele Bischoff, Anna Campanile, Lorely French, Areti Georgiadou, Annemarie Heintz-Gresser, Blanche Kommorell, Katrin Lehnert, Sabine Lerner, Dominique Miermont-Grente, Roger Perret, Sabine Rohlf, Sybille Scheßwendter, Annemarie Schwarzenbach, Katharina Sykora, Natascha Ueckmann, Gonçalo Vilas-Boas und Elvira Willems,*

CENTAURUS VERLAG

GPSR Compliance
The European Union's (EU) General Product Safety Regulation (GPSR) is a set of rules that requires consumer products to be safe and our obligations to ensure this.

If you have any concerns about our products, you can contact us on

ProductSafety@springernature.com

In case Publisher is established outside the EU, the EU authorized representative is:

Springer Nature Customer Service Center GmbH
Europaplatz 3
69115 Heidelberg, Germany

www.ingramcontent.com/pod-product-compliance
Ingram Content Group UK Ltd.
Pitfield, Milton Keynes, MK11 3LW, UK
UKHW041414180426
11947UKWH00007B/130